U0056593

25

靈．鷲．山．誌

藝文采風卷

總序

開山和尚——心道法師

彷佛初上靈山，轉瞬間已經是廿五個年頭了！感恩釋迦佛創立佛教，為世間留下了遠離輪迴痛苦的妙法以及開啟自在解脫的法門，也感恩諸佛菩薩、龍天護法與法界眾生的護持，靈鷲山才能成為像今天這樣利益眾生的教團、也才能成就與圓滿釋迦佛的度生志業。

當初為了修行，我常往來於宜蘭台北之間，總想在這兩個城市中擇選一處，來興建道場、弘法利生，繁榮地方。由於這個本願，相應了日後在福隆卯鯉山（今之靈鷲山）斷食閉關的因緣。在開山過程當中我們碰到大大小小的困難，也因為這些逆緣，結識了來自各方的善緣，讓我們能夠圓滿的解決各種危機，奠定了日後靈鷲山發展的基礎。

出關後，我一直想辦佛法教育，想讓所有人有更多的機會來體會佛法的切身好處。隨著時代的變遷與生命的歷練，我感覺到作為一個大乘的菩薩行者，在弘法的時候，也應該面對資訊化、全球化所帶來的時代問題；因此我選擇了不同於教界普遍推行的志業，在與第一批十二名出家弟子共同努力下，開始篳路藍縷的一步一腳印，開創靈鷲山這片佛土基業，也完成了世界宗教博物館的建立。

開山這廿五年來，我所做的就是一直鼓勵大眾來學佛，從幫忙解決個人問題、家庭生活的煩惱，到各種困擾人心的疑惑，接引他們皈依三寶；參加法會、禪修等，先使他們對佛法產生信心，然後勸他們發菩提心，讓大眾在感受到佛菩薩的慈悲與願力的同時，能發心救度一切眾生的苦難，進而跟我一起投入利益眾生的志業；然後再從具體實踐的過程中感受到自身能力或願力的不足，進一步自覺的想要深入佛法，這樣，教育志業就自然推動開來。無論是蓋博物館或是建設華嚴聖山，我都希望弟子們發菩提心、行菩薩道，自利利他、自覺覺他。

時代在變，為了佛法的傳承，我們大乘佛教處在當前這個快速演變的世界，需要有更宏觀的眼界和做法。看看當今的法脈流傳，密乘在國際間蓬勃發展，南傳禪修的完備體系也走出森林、跨入世界而開枝散葉，顯示出佛教的全球性弘化因緣已然具足。我們希望佛教能與其他世界性宗教平起平坐，在全球化浪潮中持續發展，利益眾生。因此佛教教育要能融通三乘，破除彼此之間的隔閡，吸收彼此的優點，呈現出三乘合一的現代佛教風貌。不僅如此，我們更希望現代佛教還要能與世界其他宗教互動、互濟，相互理解、相互對話，共同為全球的和平奉獻心力。這也正是我們靈鷲山佛教教團和世界宗教博物館所肩負的時代使命。

世界宗教博物館從二〇〇一年開館到現在，已成為各宗教間對話的平台，致力於增進彼此的了解與寬容。「對話」甚至成為和平進程的必要條件，我們不只舉辦一系列的回佛對談，也透過宗教對話與合作，積極回應全球性的議題、共同解決眾生的苦難。

回顧過去的種種，更讓我們對未來的方向更加充滿信心與願力。靈鷲山想在接下來的第二個廿五年繼續弘法利生的志業，勢必要更加重視教育體系的推廣以及弘化人才的養成。如何形成一個兼具著三乘經教與禪修實踐的完整教育體系，是我們要積極努力的目標，這部分包含我對「三乘佛學院」和「世界宗教大學」的願景與期待。而近年來，我們積極建設華嚴聖山，是為了將佛法教育以生活結合修行的方式呈現出來，讓一般大眾於含攝於空間的神聖性當中，體驗到清涼佛法的無所不在，這也是我們對弘法人才養成的具體實踐。

靈鷲山無生道場，一面背山、三面環海，日出日落盡收眼底，在這片洞天福地中，也更能讓人領略因緣聚散、朝露夕霧的遞嬗。廿五載歲月走來，雖難免陰晴圓缺的世情歷練，但是我希望靈鷲山這個團體，能夠繼續作為一個教化眾生的平台，讓每一個跟靈鷲山結緣的人，都能在這裡面有長遠的學習空間與成長機會。

「佛」是我的生命；而我視我的弟子如同我自身；眾生是成就遍智的樂土，是成佛的道場。所以，「傳承諸佛法、利益一切眾生。」將是身為靈鷲人心中永恆的願力召喚。

願與十方共勉！

釋心道

西元二〇〇八年七月　於靈鷲山無生道場

編序

靈鷲山開山廿五年，雖不算長，卻經歷了全球化的巨變年代，台灣社會也興起了史無前有的佛教盛況，作為見證當代佛教變遷與發展不可或缺的一部分，靈鷲山佛教教團的出現、成長與茁壯，其所走過的種種心路歷程為何？其所關注的世間志業為何？揭櫫何種法脈傳承影響時代？開創何種弘法作為引領眾生？凡此種種，不僅身為靈鷲人皆應反思自問，同時也是靈鷲山佛教教團作為承接當代佛教變遷與發展的一份子，該交代清楚的時代使命。因此，編纂《靈鷲山誌》成為靈鷲人無可規避的責任。

此套《靈鷲山誌》的編印，是　師父廿五年來弘教傳法的悲心願力總集。從開始構思策劃到落實，從逐年集稿到編輯出版，皆仰賴　師父的加持護念與眾人的心血匯集而成。期待這套書不僅成為靈鷲人的歷史回顧，更能提供學佛人求法向道之明燈，以及發願入菩薩道行者，方便濟世之舟。於此分述各卷特色與編輯重點：

宗統法脈卷：含宗師略傳、法脈傳承、公案珠璣和語錄傳燈等四篇。本卷介紹開山和尚的生平背景及修行事蹟，並包括師父年譜。接著說明靈鷲山三乘法脈的傳承系譜、法脈源流，並詳述其緣起。然後收錄了數十則　師父活潑教化、應機說法之公案珠璣。最後檢選節錄　師父的傳燈語錄。閱讀此卷將神遊覺性大海，一睹智慧豁達無礙之景象，更能發現參禪樂趣之無盡燈。

寺院建築卷：靈鷲山佛教教團的寺院建築包含總本山、分院、全球各區會講堂以及閉關中心。本卷介紹其神聖空間形成之理念與建設過程，並描述建築呈現之美與作用特點。

人誌組織卷：本卷主要是以人誌組織為主，包含現有僧團規約制度、開疆十二門徒記述及僧眾側寫，並介紹多年來護持教團發展的護法幹部以及社會賢達。另陳述教團相關立案組織之功能。

藝文采風卷：證悟者對美的呈現是自然流露的，無論是在畫紙上或生活中，都能充分運用美的元素，去呈現真心與純良。此卷收集　師父的墨寶、往來書信函、教內教外友人相贈之文物以及教團祈願文，傳達佛法要旨與菩薩祝福。

教育文化卷：教育是一個組織能否永續的命脈，本卷闡述靈鷲山的教育理念——禪為體、華嚴為相、大悲為用，並詳細說明「生命教育」、「環保教育」以及「和平教育」的意涵。另外介紹相關教育與研究機構的現況與發展，以及文化出版志業的概況。

國際發展卷：靈鷲山以「尊重、包容、博愛」的信念，開創世界宗教博物館，並以愛與和平走向世界，企盼地球一家、社會和諧、世界和平與地球永續。本卷介紹世界宗教博物館建館前後的記實、靈鷲山的國際發展、與各宗教的交流與合作以及對全球議題與人類苦難的回應，展現著靈鷲山教團對永恆真理與和平渴望的努力與實踐。卷末並摘錄　心道師父近二十年在國際上發表的各項演說。

弘化紀實卷：廿五年來靈鷲人與台灣社會脈動同步呼吸，這個社會的憂喜，皆有著來自靈鷲人的喜樂與悲憫。本卷收錄靈鷲山廿五年的大事記與年表，記載教團的弘化活動與感人事蹟，並針對其間的重要事蹟進行深度報導，期望大眾對華嚴聖山的理念，有更深的體悟。卷中並詳述四大弘法——禪修、朝聖、法會、生命關懷，作為靈鷲人接引眾生學佛與自身精進的方便法門。

這套書前四卷是敘述靈鷲山內部的種種，從宗統、建築到人物組織和尺素風雅，道盡靈鷲山廿五年來的人事變遷與物換星移，同時也突顯了靈鷲山之所以出現、成長和茁壯的時代意涵，及教團肩負的時代使命。後面三卷，從台灣到國際，從佛法到生活，通過不同的面向，說明靈鷲山的志業如何落實在這個時代，以及在　師父的慈悲願力引導下，靈鷲人如何在每一個需要他的角落，體證著大悲願行。

至誠感恩三寶加被，龍天護持，得以成就此椿功德，回向法界一切眾生，普沾法水，共沐佛恩。

釋了意　合十

西元二〇〇八年七月廿五日　於世界宗教博物館

卷序

如同觀音菩薩常住的普陀洛迦山，七〇年代台灣寶島上，心道法師帶領靈鷲山，與早先的佛光山、慈濟、法鼓山、中台山等佛教教團，和這片富饒土地、淳善百姓、社會各界迅即結合成一股「靈性覺醒」、「心靈改革全民運動」的先機，也速催熟整個社會人民的祥善風氣，更將這份愛心、福澤推廣到世界各地。

由於早年塚間閉關十餘年後，洞見廿一世紀人類文明衝擊，促進宗教和諧、心靈教育實為首要工作！1974年，　心道法師出關後，以「尊重每一個信仰，包容每一個族群，博愛每一個生命」的理念，向全球化新世紀黎明前的世人，揭櫫華嚴普世教化靈性教育特有的影響與能量。

本卷由開山宗師　心道法師修道歷程溯源，從這位當代學佛實修的禪師，如何開發生命潛能、發現實相真理，並接引大眾實踐佛道、與當代各界相互交流輝映的軌跡。本卷分為三個部分結集收錄：

宗師道跡篇：本篇有　師父早期的卡片、書信、壁書，以及後來的墨寶和簽名法語，一字一句，期待大眾看見　師父在修道上的真心、實踐的願力、學佛的叮嚀，都是如實懇切。

受贈文物篇：收集了宗教界、文化界與其他各界的耆老與名家，贈與靈鷲山的墨寶與圖畫，許多都是當年靈鷲山成立之時，書法名家以自身所書或所藏捐贈出來，因著　師父的弘願號召，大家一起來成就供養佛行事業，也是對靈鷲山的支持與肯定，更是生命能量輝映的共振共鳴。

祈願讚化篇：挑選了一些　師父的和平祈願文、教團的新春祈願文，祈願接引大眾共同回歸到心靈原點、初心本願再出發，共造心靈聖境、華嚴世界。

將這些散於各處的作品編整，確是一件大工程。其中有很多精彩的物件，早已成為受贈者珍貴的收藏，本卷難免有遺珠之憾，祈願大眾閱讀本卷時能有所收穫、有所啟發，照見本有生命的光明。

釋妙解　合十

西元二〇〇八年七月　於靈鷲山無生道場

目錄 CONTENTS

壹

宗師道跡篇

刺青──用生命證悟佛法

信卡──依承本願度眾生

問道書信──道念的貫徹迴護

青年日記──頭陀實證深行力

壁書──佛心本誓靈山志

墨寶──自在揮毫化機鋒

簽名法語──慈悲語錄憫世人

刺青

——用生命證悟佛法

「我決定用生命證悟佛法，今生悟到本性，對觀音菩薩報恩。」

——心道法師

師父臂上刺青 | 1964年

15歲時，聽聞觀音聖號，　心道師父深受感動，決心效法觀音「聞聲救苦」的精神，為自己修道利生的誓願，開始茹素、禪修；翌年，在左臂和身上自刺「悟性報觀音」、「吾不成佛誓不休」、「真如度眾生」和「卍」字等，時刻警惕自己，勿忘今生成就、度眾離苦的願力。

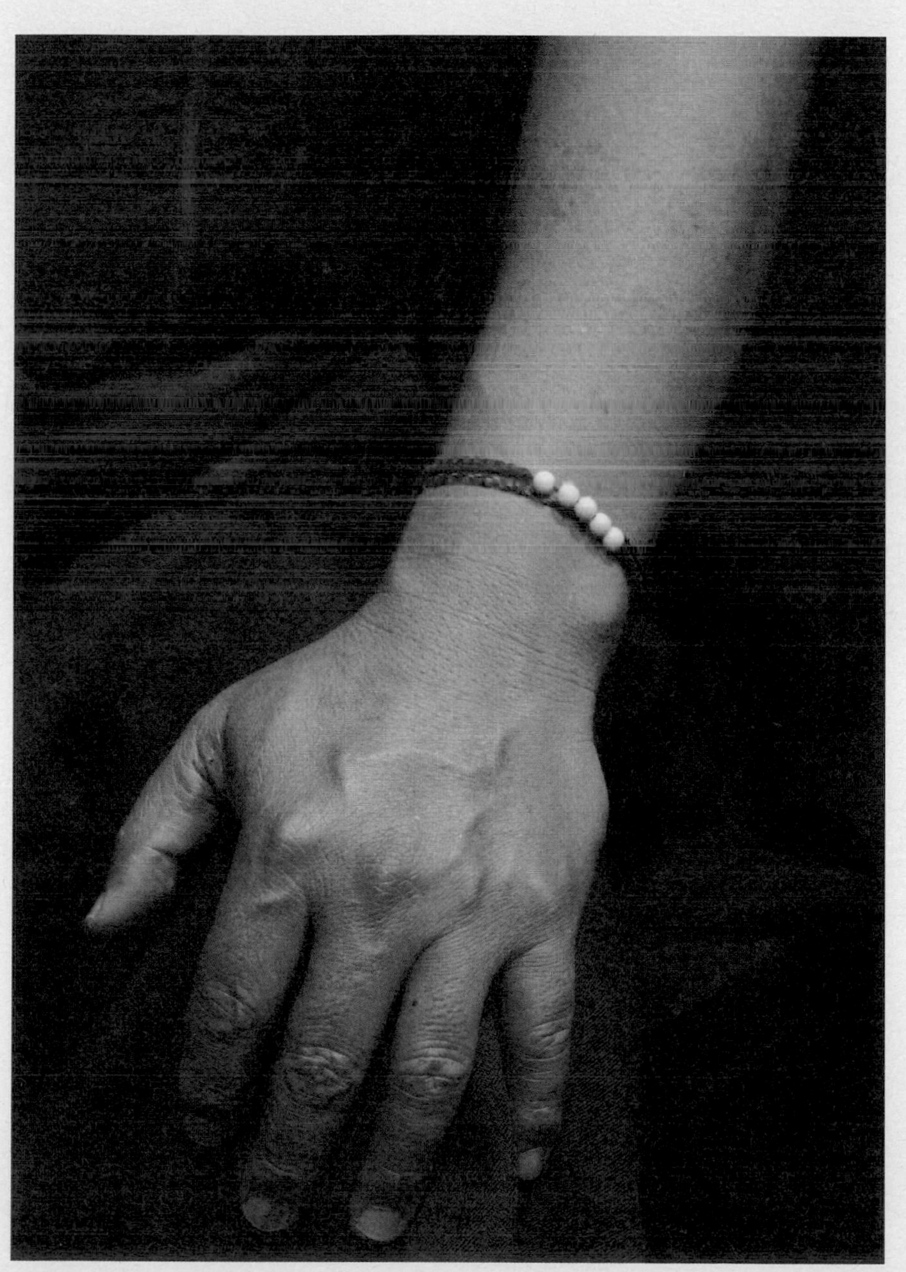

「在我流浪無依、沒有任何的保護下，是依靠觀音菩薩而活下來的。觀音菩薩可能很多世都在引導我，每次引導都有很大的際遇，所以聽聞到祂的聖號就非常感動，這個心就會一直跟到祂的做法想法，生生世世去做救苦救難的工作。」

——心道法師

悲心周遍

信卡

——依承本願度眾生

善財童子拜觀音｜1967年

爾後生活中，　師父開始每天禪坐。十九歲，以當時民間「善財童子拜觀音」卡，在白鴿所銜念珠下自裁出心型，將自己當作一件禮物，與觀音菩薩、善財童子合成留影；卡片背面題「觀音普照」四字，署名「靜生」，寄贈友人。時為民國五十六年六月五日（卡片由 壬癸提供）。

「學觀世音菩薩，就是要發大悲心才能求苦救難，大家都是觀世音菩薩的化身，就是要對這個社會、對大眾、對佛陀都要一心不亂、慈悲到底、專心去開創慈悲法門，專心去開創我們的福德因緣。」

——心道法師

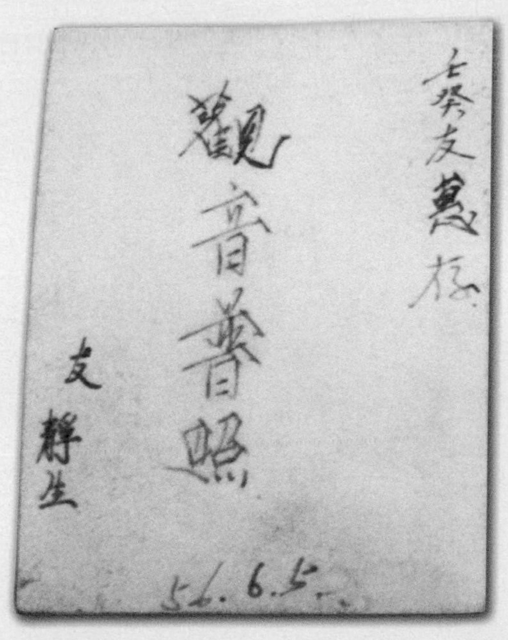

問道書信

——道念的貫徹迴護

抄錄楊進生弟57.9.—12月的来往信件（摘要抄）

楊進生弟来信　老兄，我們這些都会成見。修行方式以「無念為宗，無相為体，無住為本」，来此来之，去此去之，無心也。经书如濾水，可洗身上污穢，去明。被经书洗过的性，如月之浮雲被吹散，現出明潔之本性光輝。经典就是性也。以你講经為性，我非讲经。

松竹梅三友，本意清高，堅忍耐寒，智慧。修行人捨乎這個字。如我三人有不清高，不修行，沒头脑是愚人，自号三友，無價值和意義。我們三人在修行方面處得来，志同的，故有此意見。我們将發展出来一個競爭性的修行，更能發願度眾。

你不要疑心我会正最信，到时你就知道是否正信。我不拜师，是要阿彌陀佛才有資格当我师父，所以些机会，釋尊說法，也看机會。我相信我不會邪信，请不必担心，有一天你會知道我為什么

心道師父給常緣法師的信 | 常緣法師抄錄　1968年9月

1968年，　師父隨軍轉駐關西，在人情豐沛、文化富饒的台灣，二十歲的慕道青年，與許多宗教多所接觸，假日常盤桓當地「潮音寺」，並結識二位僧侶遠光法師、常緣法師：一位常領他參訪善知識，一位常耐心答道解難，以「歲寒三友」共結道侶、勵志向道。七〇年代的台灣社會，一股對道統社稷的維護與人心安立的追尋，也是當時普遍煥發迴響的文化風氣。而這份對生命究竟義諦的追尋，襯著戰火中顛沛無依的幼年記憶，始終深深扣著佛子心底；以心息性命，他決定畢生貫徹實踐。

頁面信文，是35年後，常緣法師將彼此求道奮進的往返書信，特別抄錄合輯，寄給靈鷲山心道法師的珍貴禮物。

覆楊道生弟信

略以弟以「三無」作修行目标則可，作修行方式則不对。何也？蓋方式者，方法、格式也。無念為宗是何方法？何格式乎？其餘「二無」同此。所以只可作修行目标看。目标者，目的标明也。即修行以無念為宗旨，明也。不到無念，決不終止。如念佛至「念而無念，無念而念」，心如止水，不起一念，了了常知境界，即修行到达目标了，就是「無念為宗旨」了。然否？

松、竹、梅歲寒三友，意義重大。我願為松，嚴寒不凋，一枝直冲霄漢，以蔭護翠竹黄花，腊梅青青，使我三友达到你说的「清高、堅忍、不屈、智慧、有志一同」。

你说阿羅漢才有资格做你师父。我問你，誰是阿羅汉呢？如你認识阿羅汉，你自己就是阿罗汉了，还要阿羅汉做师父吗？「佛、法、僧」三宝，是眾生皈依處。即凡受过三坛大戒的比丘、比丘尼，就入三宝僧数，就有资格代佛传法收徒，接引眾生。

常緣法師回覆心道師父的信 | 常緣法師抄錄 1968年9月

隔著新世紀交替，我們可從中看見：青年佛子當時的切心慕道、法師對後輩道友的諄諄護惜，以及彷彿已成道統底蘊的「為天地立心、為生民立命、為往聖繼絕學、為萬世開太平」的傳承精神，往聖前賢、列祖先民的生命心力，灌溉傳續至今，廿一世紀全球化華嚴新時代的教化因緣，才得趨成熟；目睹其心行的點滴，不禁感念、讚嘆……

覺
照
集

是帝釋干城威靈合鎮四天下
為法門外護神光常繞一須彌

楊進生第の次來信（57.11.9）

老兄：茲有幾点，請你指示：(一)是否動心即造業(二)修道人是否有病魔等種種考驗，考驗的是什么人呢？(三)成佛的聖者，何以還有虛形？這是否所謂真假合一的中道之理？(四)这次牢獄之災，是上天给我的考驗？(五)佛理是否不說不得；(六)佛是佛外無佛，心外無心，一切都不是不是，應該無所作為才對，為何要化身天境出現三十二相，以度人天，佛與佛為何相同，為何在一個天地，是什么形象？

答(一)動心即動念，真如生念，一念变二念三念（念起即覺即無念）細念成粗念，粗念即業相，业相起行為，結果造作善惡业了，即成因果報應，流轉三世而無出離了！可怕！

心道師父給常緣法師的信 | 常緣法師抄錄 1968年 冬

（上圖）為1968年冬，為修行求道、提早離開軍旅，正被羈守囚獄生活中，日日持〈大悲咒〉與《心經》、數著饅頭，二十歲未出家的心道師父道心繫處。（下圖）青年僧侶常緣法師的回信勗勉。

答(四)你这次牢獄之災，是業报未报尽最後一次的業报，並非什么「上天」考驗的。

上天是沒有的。天文學說：地球是圓形的，是太空的一個星球，是恒星（太陽）的行星，月球（月亮）又是地球的卫星，繞地球而自轉，上天在那裡？科学未發达以前，東西哲学家所思以測度世事，是思周天（即今之地球）之陰陽度數，以測驗國家人類的吉凶禍福的，如中國的「八卦」，印度的「吠陀」，西方的「望遠鏡」之觀察等。

所以你这次的牢獄之災，明明是你自己造成的，如果當時你兩人半夜三更，尋小竹筏想去編向，如果不去自首，亦沒有了，但你要自己去投案，这不是自找麻煩嗎？所以不是上天給你考驗的，對嗎？

悲心周編

青年日記

——頭陀實證深行力

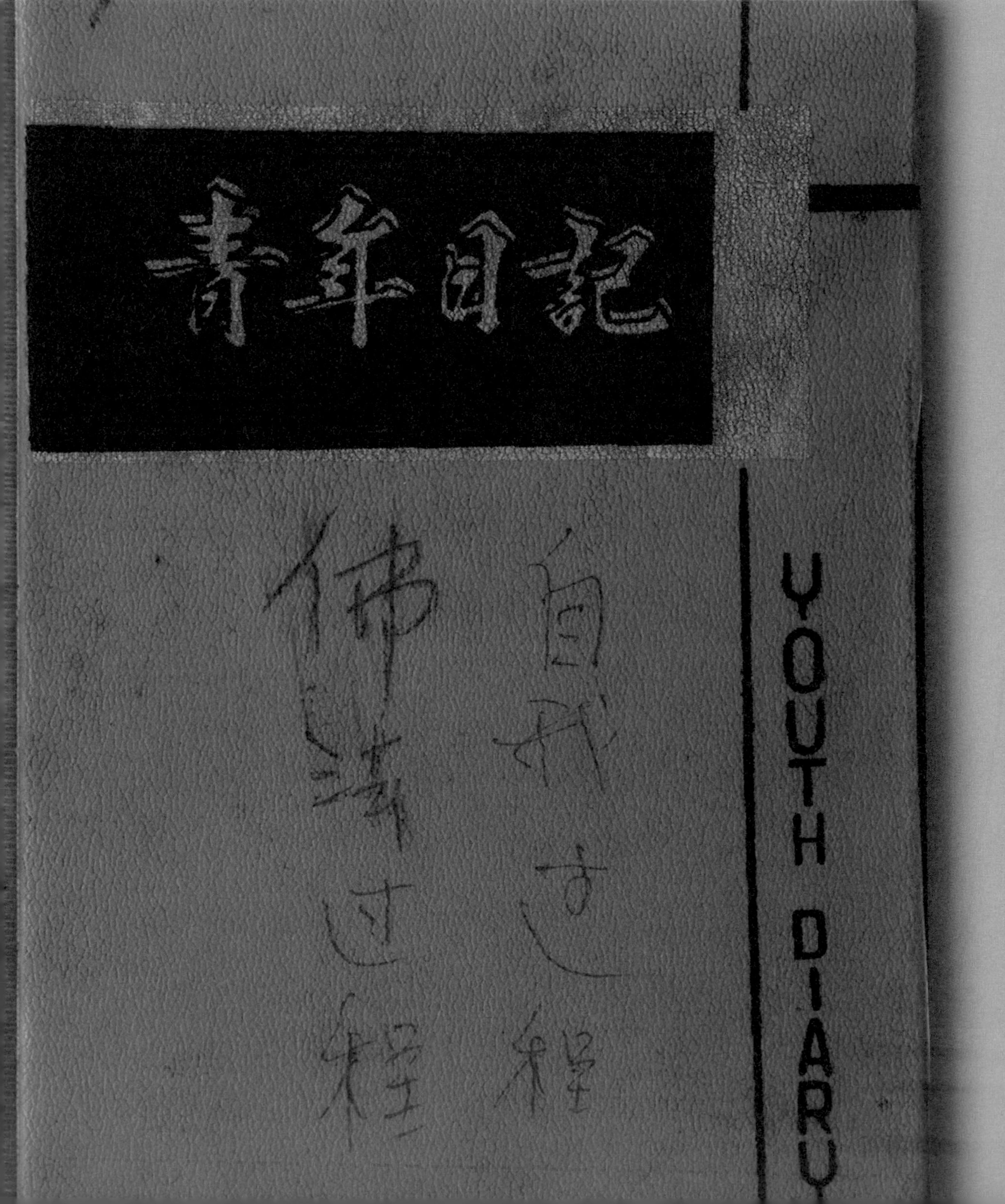

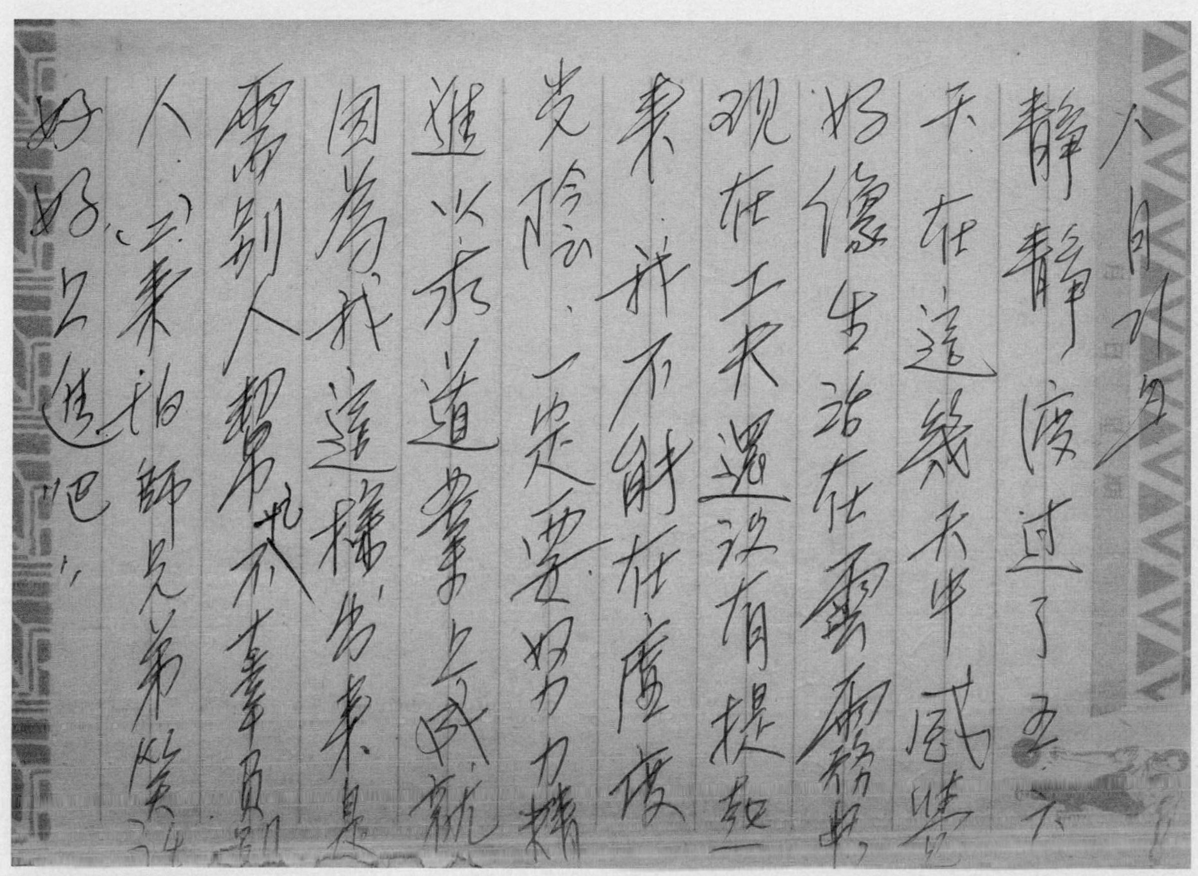

日記手稿 | 1974年 8月21日

1973年， 心道師父廿五歲，於觀音菩薩出家日披剃出家。禪修自課十載，戒期領受「默照禪」觀音法門， 師父更加勇猛策進。翌年八月，經向星雲大師告假獲許，在遠光法師兄長黃秀球居士每月五百元護持下，於外雙溪蘭花房開始獨修。

「在信仰佛法的時候，我做的就是信解行證的工作。在信和解的方面，我對佛所說的這些道理覺得有趣，必須瞭解它，而且要整理祂所說的這些道理，看是不是可以貫串起來，然後做個比較有系統的學習跟認識；在行跟證的方面，因為我需要時間，需要冷靜，需要安定，希望沒人打擾，我必須要像研究員一樣去做證明的工作，去行、去實踐。」

——心道法師

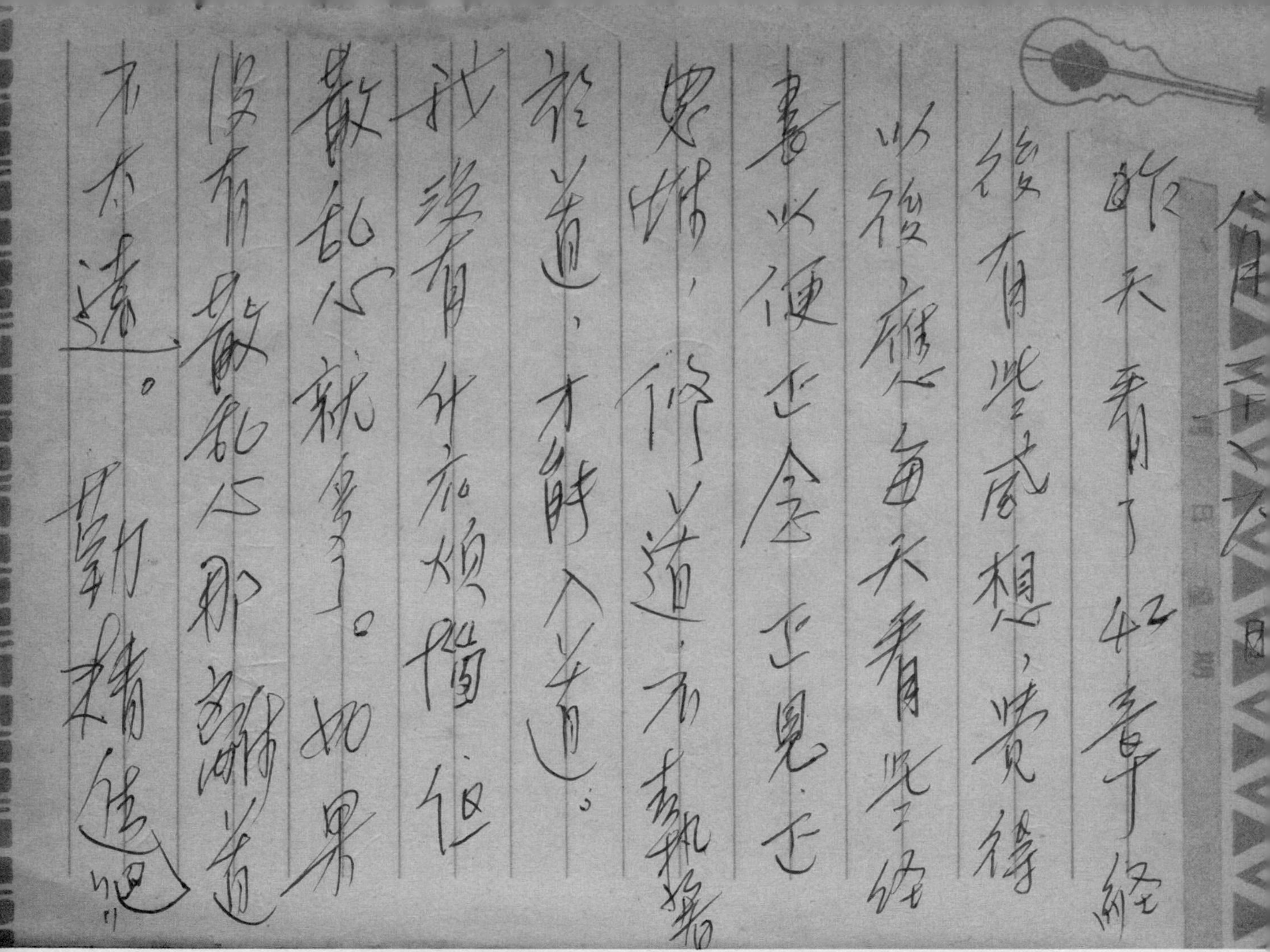
八月廿六日

昨天看了壇經後有些感想，覺得以後應每天看些經書以便正念正見，正思惟，修道，不去執著於道，才能入道。我沒有什麼煩惱但散亂心就多了。如果沒有散亂心那離道不太遠。勤精進吧

日記手稿 | 1974年 8月26日

「修道，不執著於道，才能入道。」

——心道法師

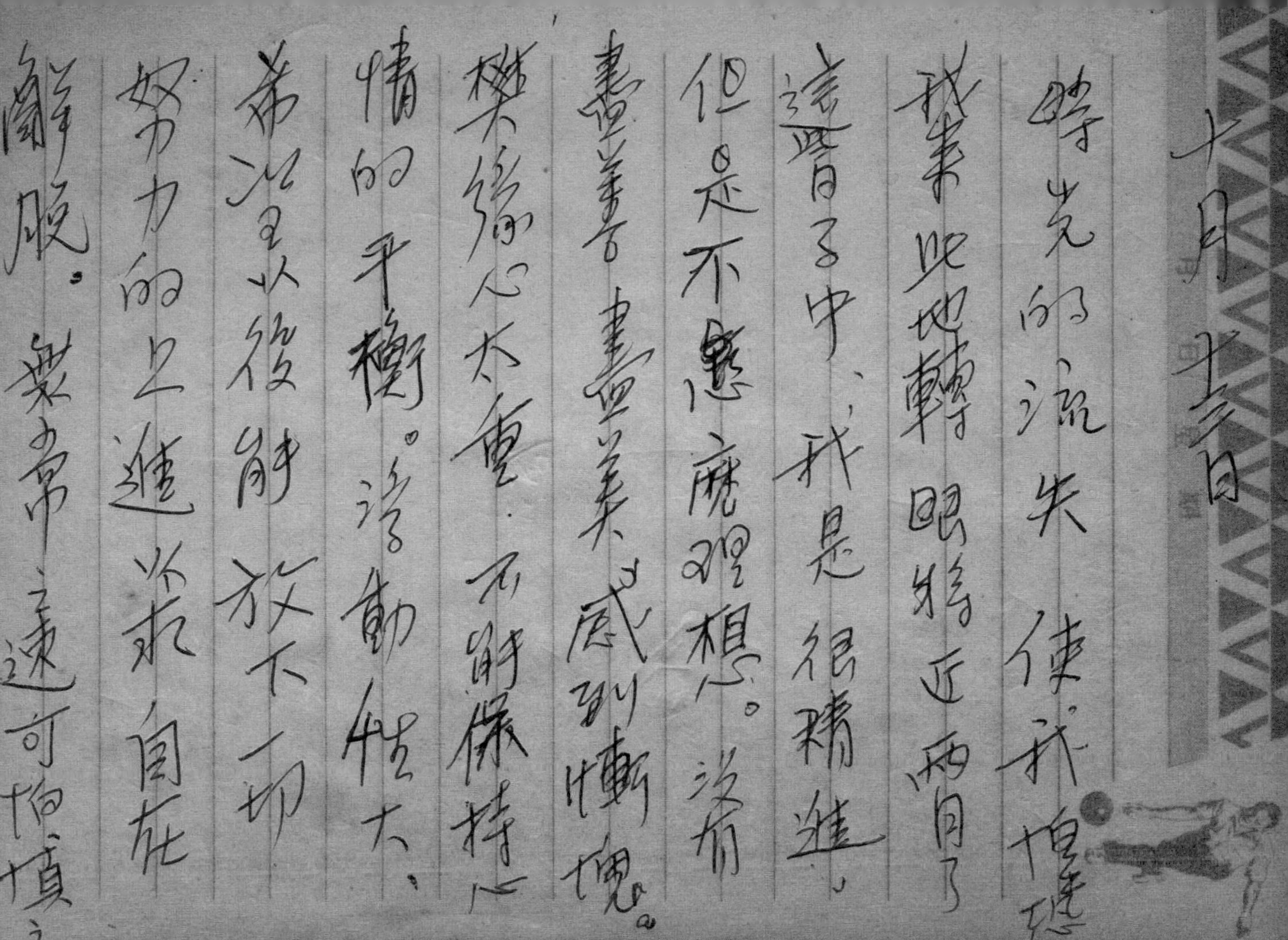
十月十三日
時光的流失，使我惶恐
我來此地轉眼將近兩月了
這個月中、我是很精進，
但是不甚理想。以前
盡善盡美感到慚愧。
攀緣心太重，不能保持心
情的平衡。波動很大、
希望以後靜，放下一切
努力的上進以求自在
解脫。無常之速可怕慎之

日記手稿 | 1974年 10月13日

「放下一切努力的上進以求自在解脫。
無常之速，可怕，慎之！」

——心道法師

日記手稿｜1974年 10月15日

由離開軍旅、囚獄到出家前的五年，因緣與願力領　師父走入社會最底層生活，體驗眾生生存的種種艱苦，以砥礪心智自許，反覺生活有味，最後則在順境安頓中，恍然發現自己幾乎忘失道心，摯友往生重新警醒他，回歸出家修行的究竟道途。

〈舊居〉詞：

「往日舊夢如春如秋，回首不堪有甜有苦，
但願人生常親親，不結怨來不結仇，
喜樂共居相處道，誠願天長地久同慶此中。」

〈獨僧〉修行偈：

「冷冷清清一茅房，孤孤寂寂獨個僧，
悄悄忘盡苦悲愁，樂在無聲寂靜中。」

——心道法師

十月十五日

早上是不斷的大雨下过不停、想去李金交家拜訪一下、婉使我不想動、最後九点多才去、順詞一首/舊居/

「往日舊夢、如春如秋、
回顧不堪 有甜有苦、
但願人生常常親親、
不結怨來不結仇、
喜樂共居相知道
誠願天長地久同慶此中」

到了新生路時、老板娘他們來培我講話、老板也在、他們都笑面迎人的招我。這是人生的另一面好景、本來人與人 息息相関宇宙同体 实一家、

回來時又拿了錢和菜給我、等這些、我皆迴向其所求如願来回討乘車了元。填之/

前一天作偈一首、孤僧/

「冷冷清清一茅房、孤孤寂寂獨個僧
悄悄忘盡苦悲愁、樂在無聲寂淨中」

中午到臨濟寺、參訪同戒培道、我去時剛好他在上英文倒是滿有些精神、談話之間見解頗同。於是年青而以師兄為好友。

我相信將來年青的一輩中會有幾位出家的比丘來承擔祖棟樑三寶。

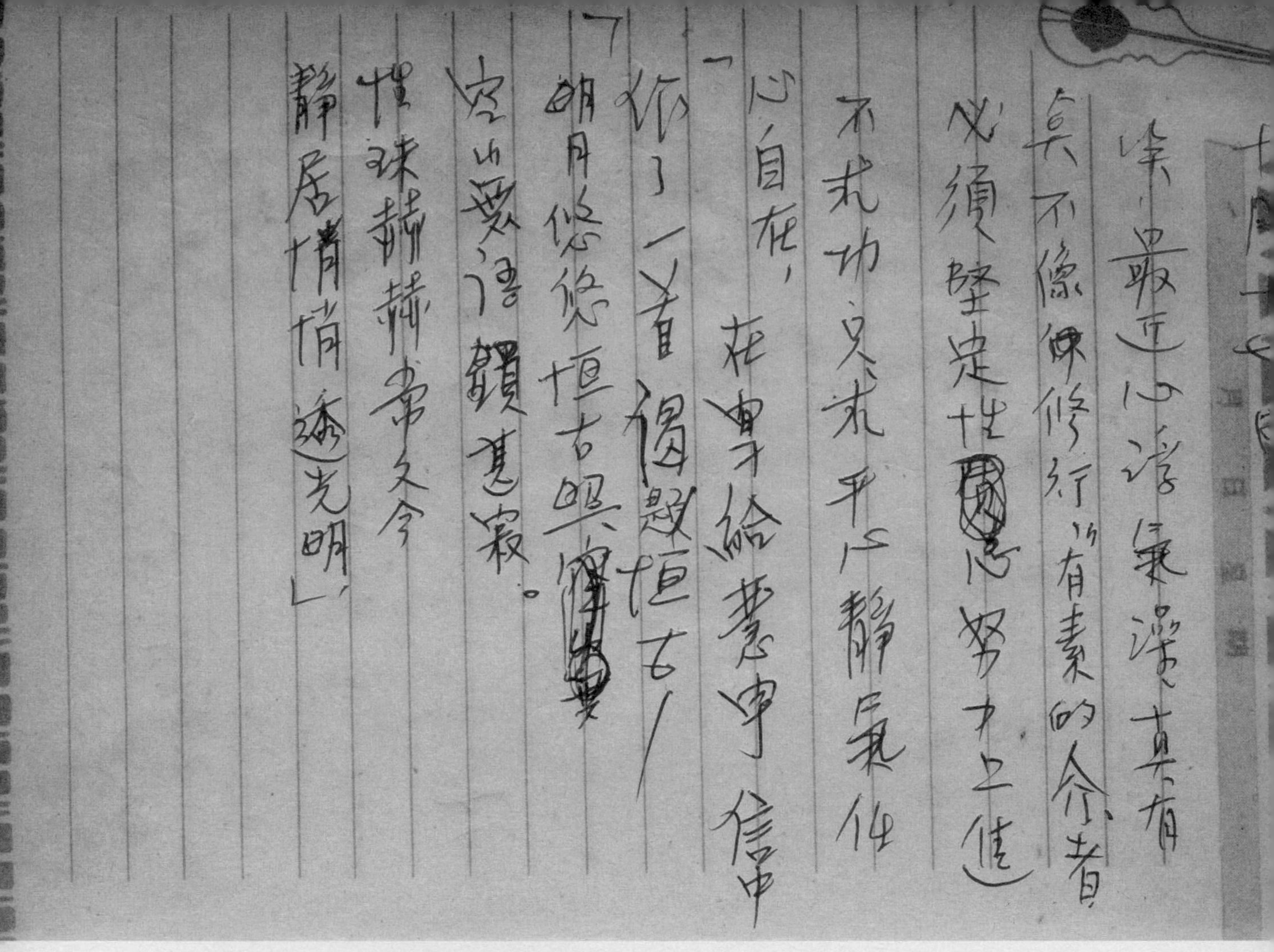
你最近心浮氣躁，真有
真不像你修行有素的行者
必須堅定性心努力上進
不求功、只求平心靜氣住
心自在，在此寫給慧宇信中
作了一首偈題恒古／
「明月悠悠恒古照
空山無語顯甚寂。
性珠赫赫常久今
靜居悄悄透光明」

日記手稿 | 1974年 10月17日

〈恆古〉：

「明月悠悠恆古照，空山無語顯甚寂，
性珠赫赫常久會，靜居悄悄透光明。」

——心道法師

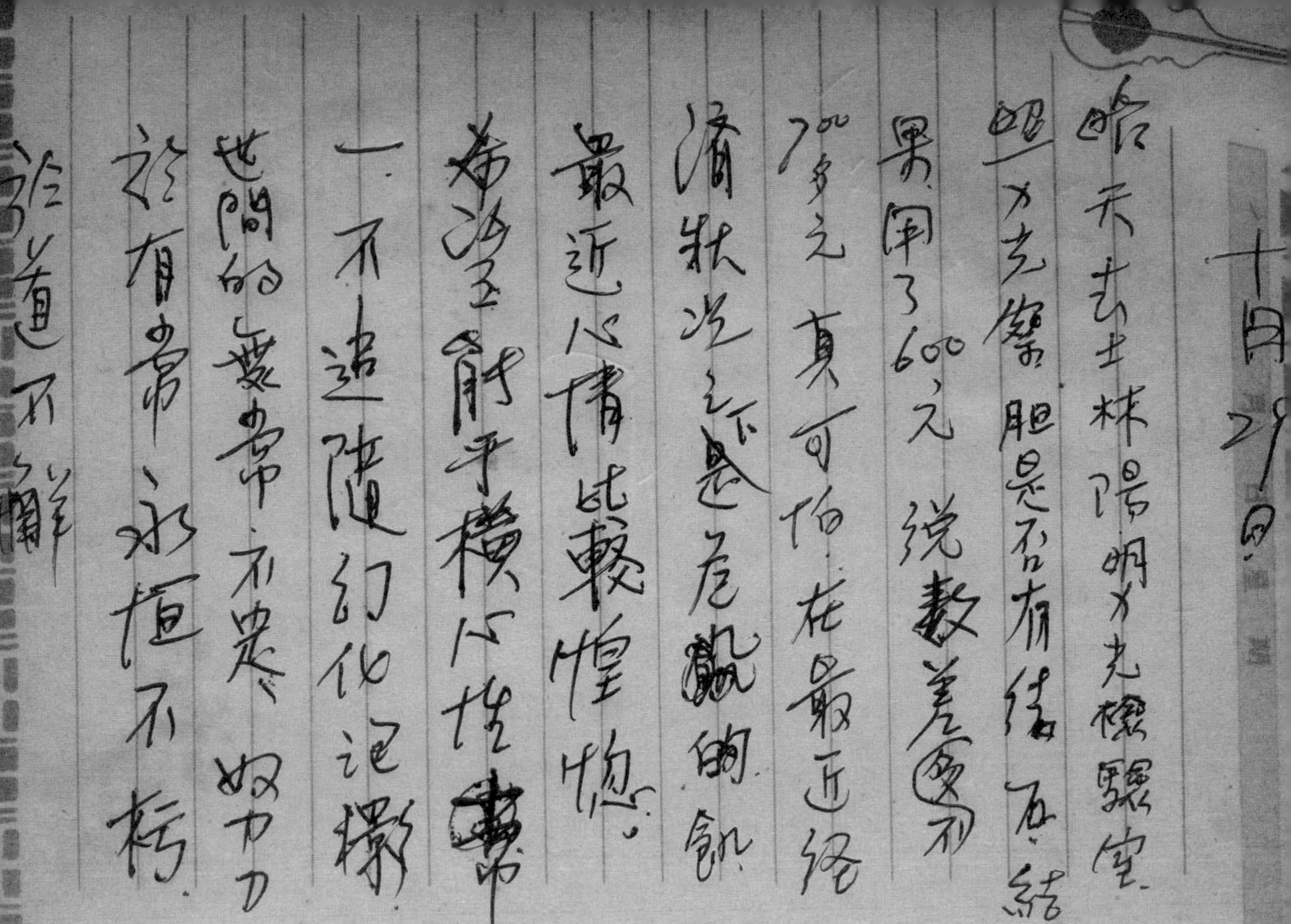
十月29日
昨天去士林陽明X光檢驗室照X光察胆是否有結石，結果用了600元，說數差不700多元，真可怕，在最近經濟狀況之下是危亂的飢。最近心情比較惶惚。希望能于恆心性常一，不追隨幻化泡影、世間的無常不定，努力於有常、永恒不朽，於道不懈。

日記手稿｜1974年 10月29日

「希望能于恆心性常一，
不追隨幻化泡影、世間的無常不定，
努力於有常永恆不朽，於道不懈。」

——心道法師

日記手稿｜1979年 9月8日

心道師父於宜蘭礁溪龍潭湖畔修行

「多少流離失所
多少摧殘血淚
多少狂風瀑雨
多少辛酸冷潮
多少沈夜孤寂

是什麼？
是堅強　是自立
是向道的急流
是道的開拓
是道的基石
是多冷酷　多美好

而！
帶來了永恆不變的道心
晨昏的漫步
溪邊的踏草
石上的溪水
山中的野樹
路邊的雜花
層疊的山野
誰是主人
誰是造物
腳上的日月」

——心道法師

68年1月8日晴。

多少流離失所，
多少催殘血淚。
多少狂風暴雨。
多少辛酸冷潮。
多少沉寂孤寂。

是什麼？是堅強
是自立是向道的
急流，是道的前
招，是道的基石
是多冷浩，多美好

暴雨！。
帶來了，永恒不變的
道心
晨昏的漫步。
溪邊的踏草
石上的溪水
山中的野樹
路邊的雜草
層疊的山野
誰是主人
誰是過客
却只有白月。

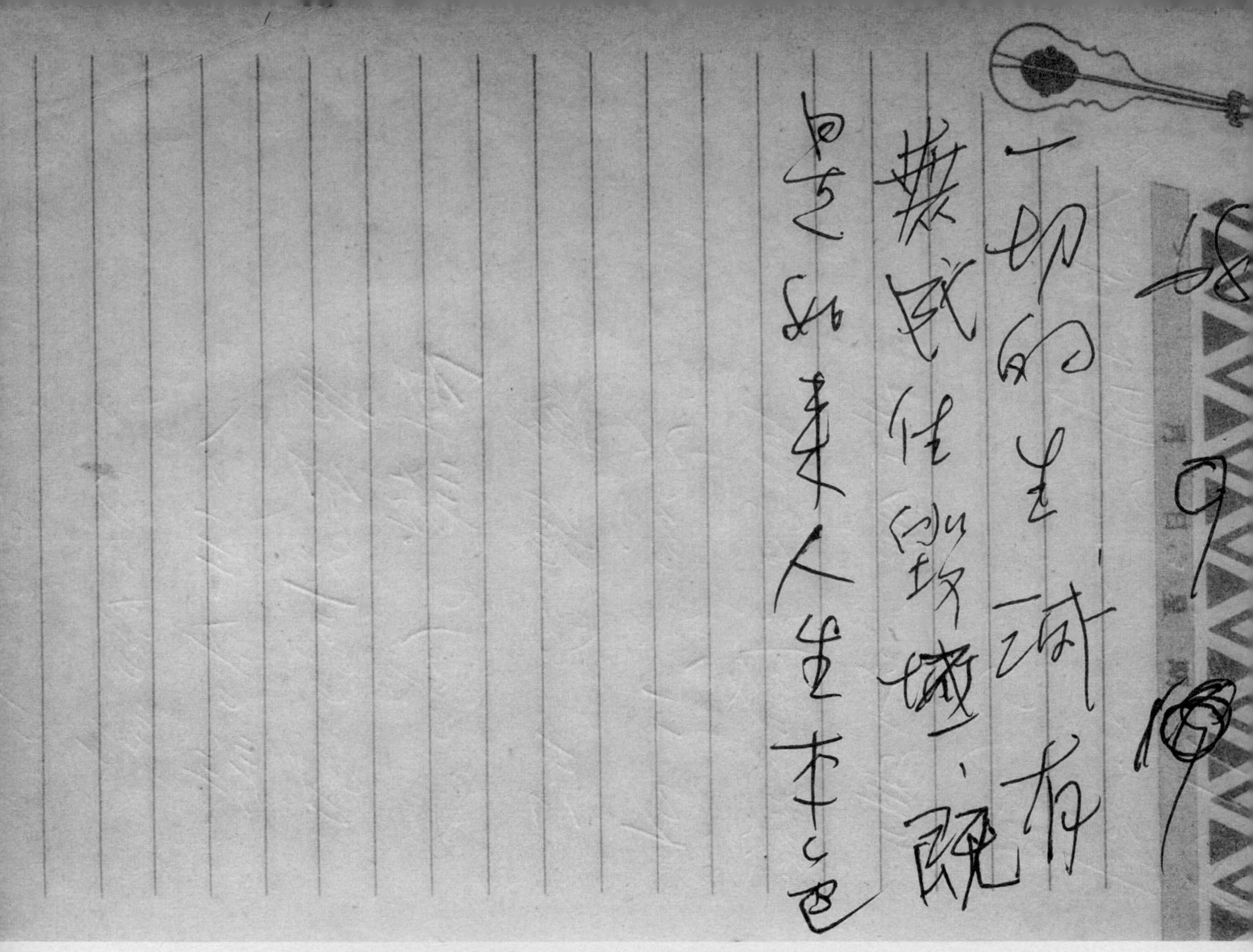
68 9 10
一切的生滅有
無成住毀壞、即
是如來人生本色

日記手稿 | 1979年 9月10日

「一切的生滅有無成住毀壞
即是如來人生本色」

——心道法師

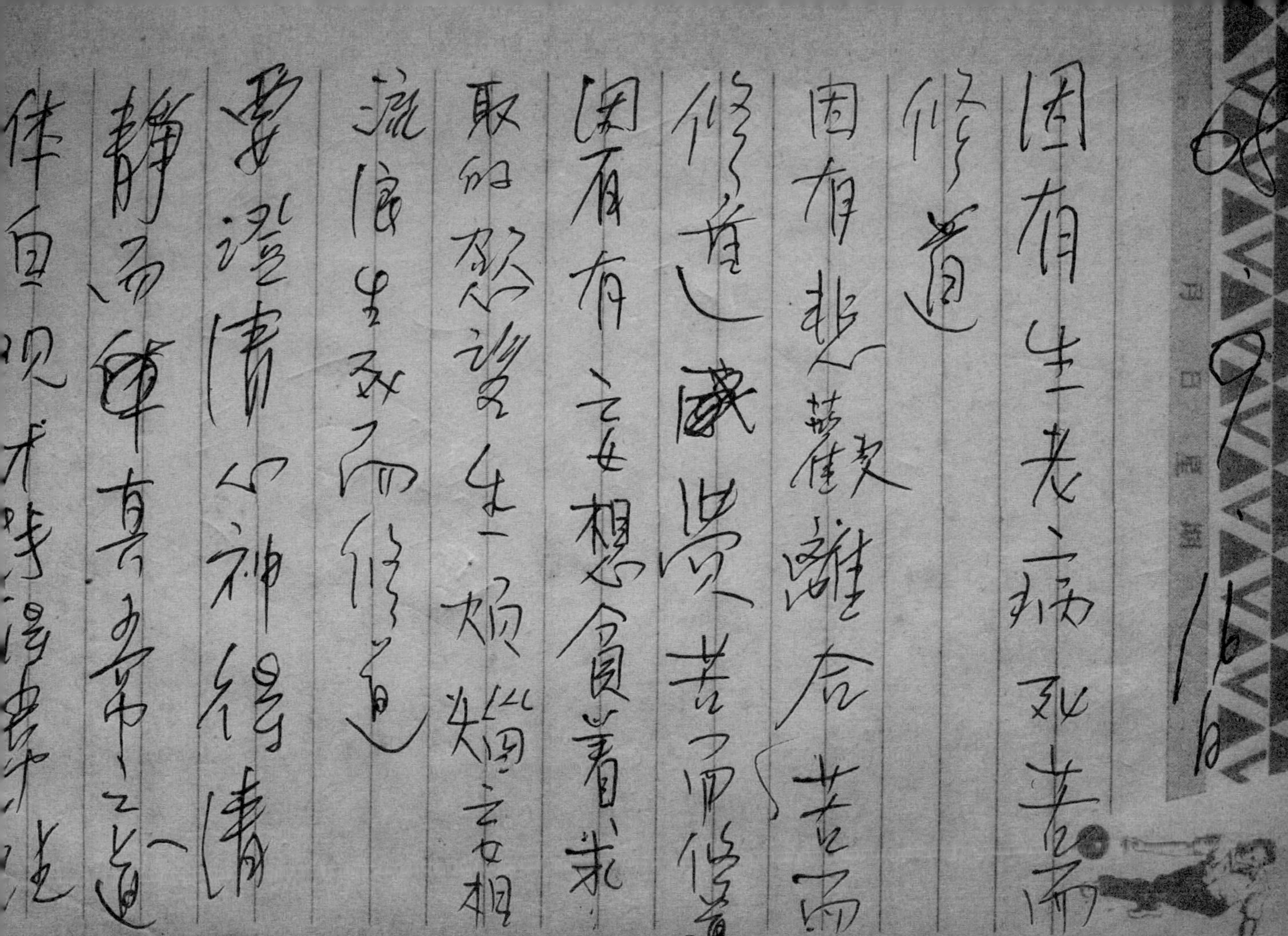

日記手稿｜1979年 9月16日

「因有生老病死苦而修道

因有悲歡離合苦而修道

覺苦而修道

因有妄想貪著求取的慾望

生煩惱妄相流浪生死而修道

要澄清心神得清靜

而真常之道體自觀

才能得常住」

——心道法師

日記手稿 | 1979年 10月21日

外在執有　內在執空
依有而生　依空而亡
執有生滅　執空幻滅
外守生滅　內守空滅
久守外而成煩惱　久守內而成菩提

心性本無內外
因心執外為有而成妄想
即眾生　即煩惱　即生死
因執外有為實　而生內有成想為妄
因此執妄想執實有
而生煩惱生死
如能守內　空明自現
久之　幻習滅盡
而入體性
而歸真如法界
即幻即真　即生即滅
常住而無所住
常有而無所有
即空即有　而無所有
此煩惱斷　生死無
叫常住真心

內因外緣

——心道法師

破除有相

外在執有 內在執空
依有而生 依空而亡。
執有生滅 執空幻滅
外守生滅 內守空滅
久守外而成煩惱 久守
內而成菩提，
心性本無內外 因心執
外為有而成妄想 即空生
即煩惱即生死：因執外
有為實而生內有成想
為妄。因此執妄
想執實有而生煩惱。
生死，如能守內空明
自覺，久之幻智識盡
而入体性而歸真如法
界即幻即真 即生即滅
常住而無所住 常有而無
所有 即空即有而無所有
絕煩惱斷生死無以常
住真心，
內因外緣

日記手稿｜1979年 10月26日

「一個學佛的人是要實現真理證實真理

而不是幻想真理以證實真理

是實踐真理而證真理

佛學去除一切的貪慾而去除妄想執著以證真

但本性如如何來修證

只因心習生愛欲起貪瞋痴」

——心道法師

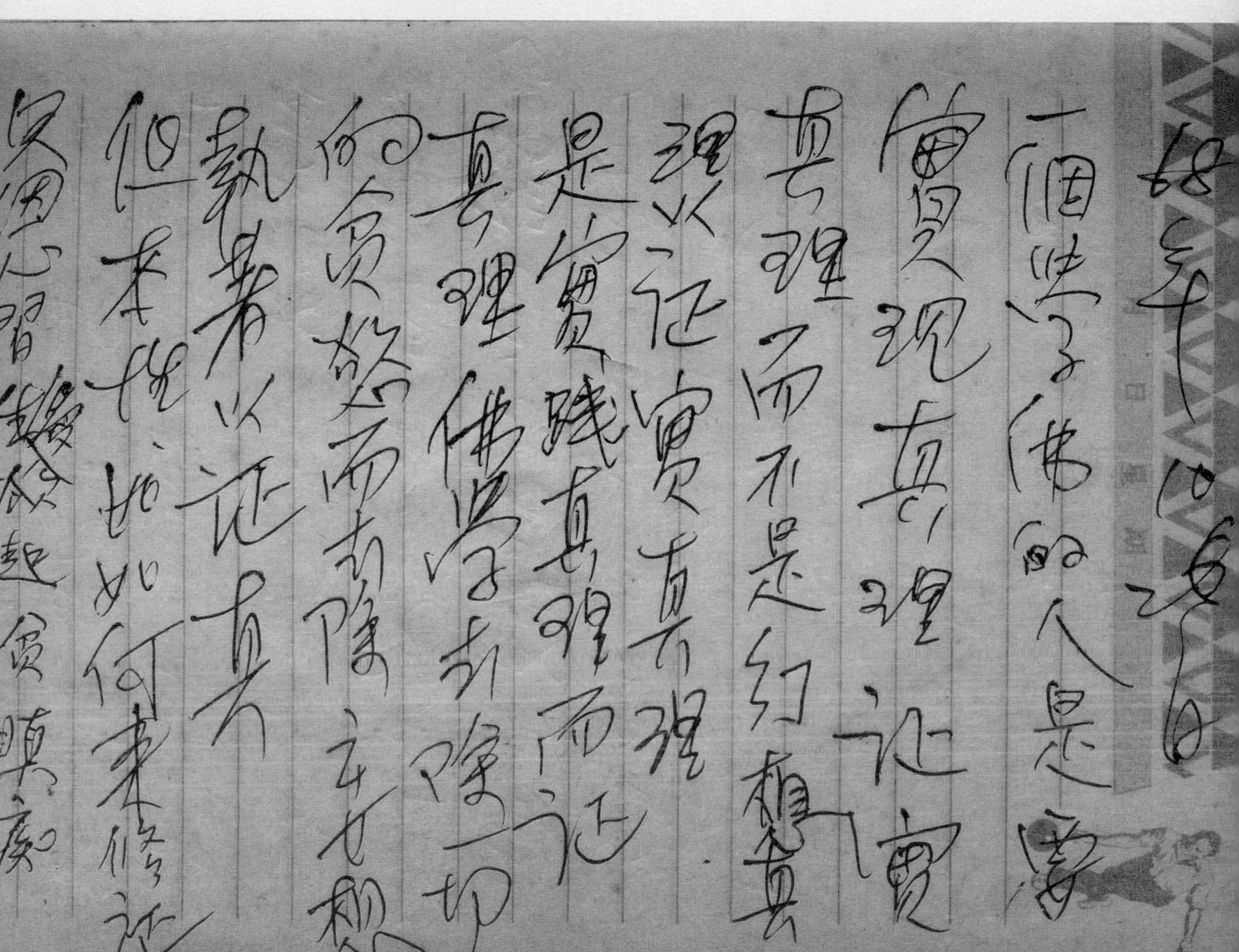

68年10月2日

一個學佛的人是要實現真理證實真理而不是幻想真理以證實真理是實踐真理而證真理佛學去除一切的貪欲而去除妄想執著以證真但本性如如何來修證只因心習變發起貪瞋癡

日記手稿 | 1979年 11月10日

〈心〉：

「（平淡的對世態　心境安靜平和）
　逆境來時　安靜的讓他來　讓他去
　順境來時　也安靜的　讓他來去

　綠綠山野　靜靜水聲
　可鑿開我們自然純真的心性
　稚真的供養　可莊嚴祥和自心」

——心道法師

(平淡的對世態
心境安靜平和)
逆境來時安靜的
讓他來 讓他去。
順境來時也安靜
的讓他來去。
縷縷山野 靜靜的敲開
總開我們自然純真的心性,
稚真的依著行啊 十方莊嚴祥和
自心。

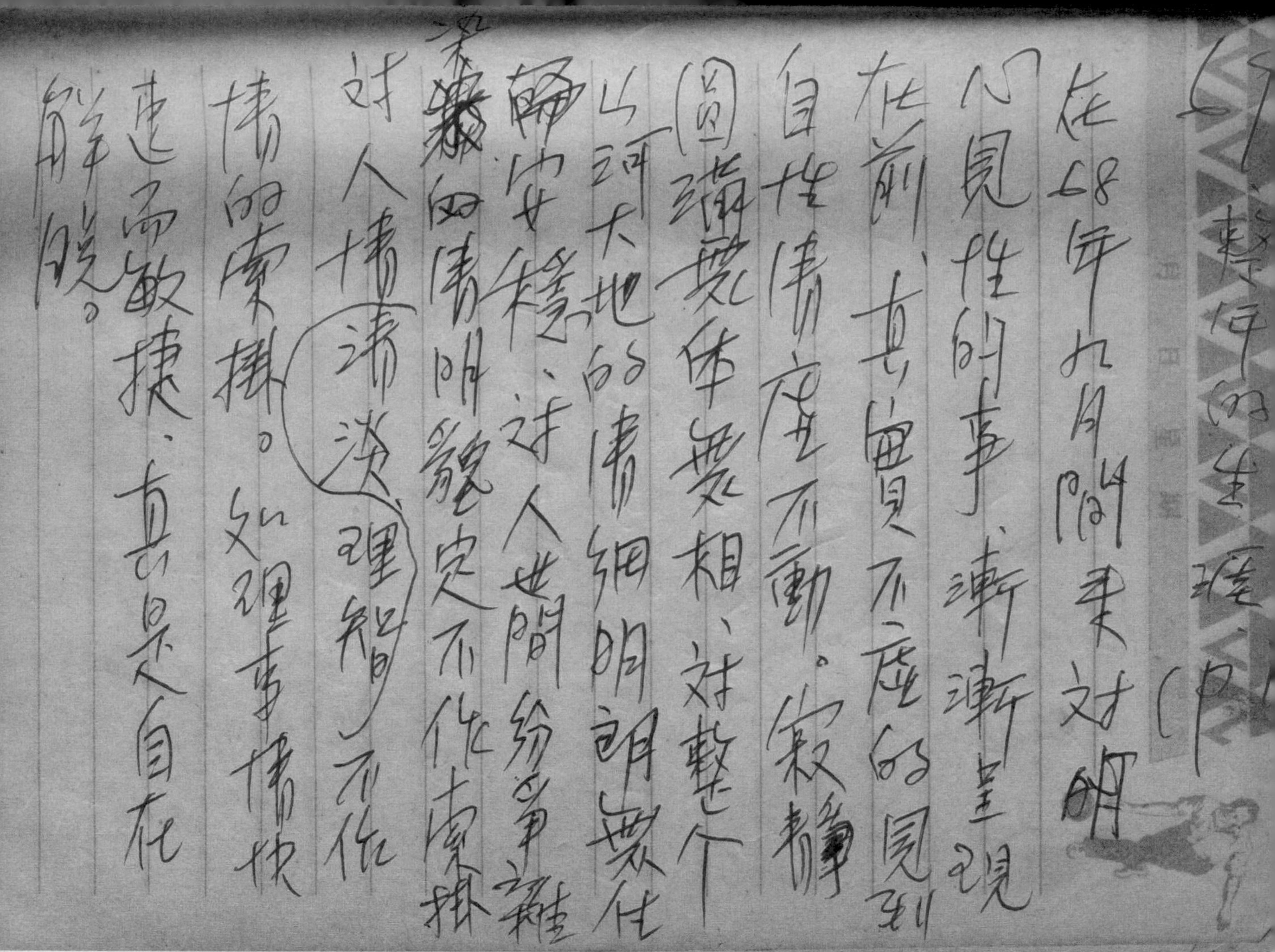

日記手稿 | 1980年

「對明心見性的事　漸漸呈現在前
真實不虛的見到
自性清虛不動　寂靜圓滿　無體無相
對整個山河大地的清細明朗　無住安穩
對人世間紛爭雜染的清明肯定　不作牽掛
對人情理智清淡不作情的牽掛
處理事情快速而敏捷
真是自在解脫」

——心道法師

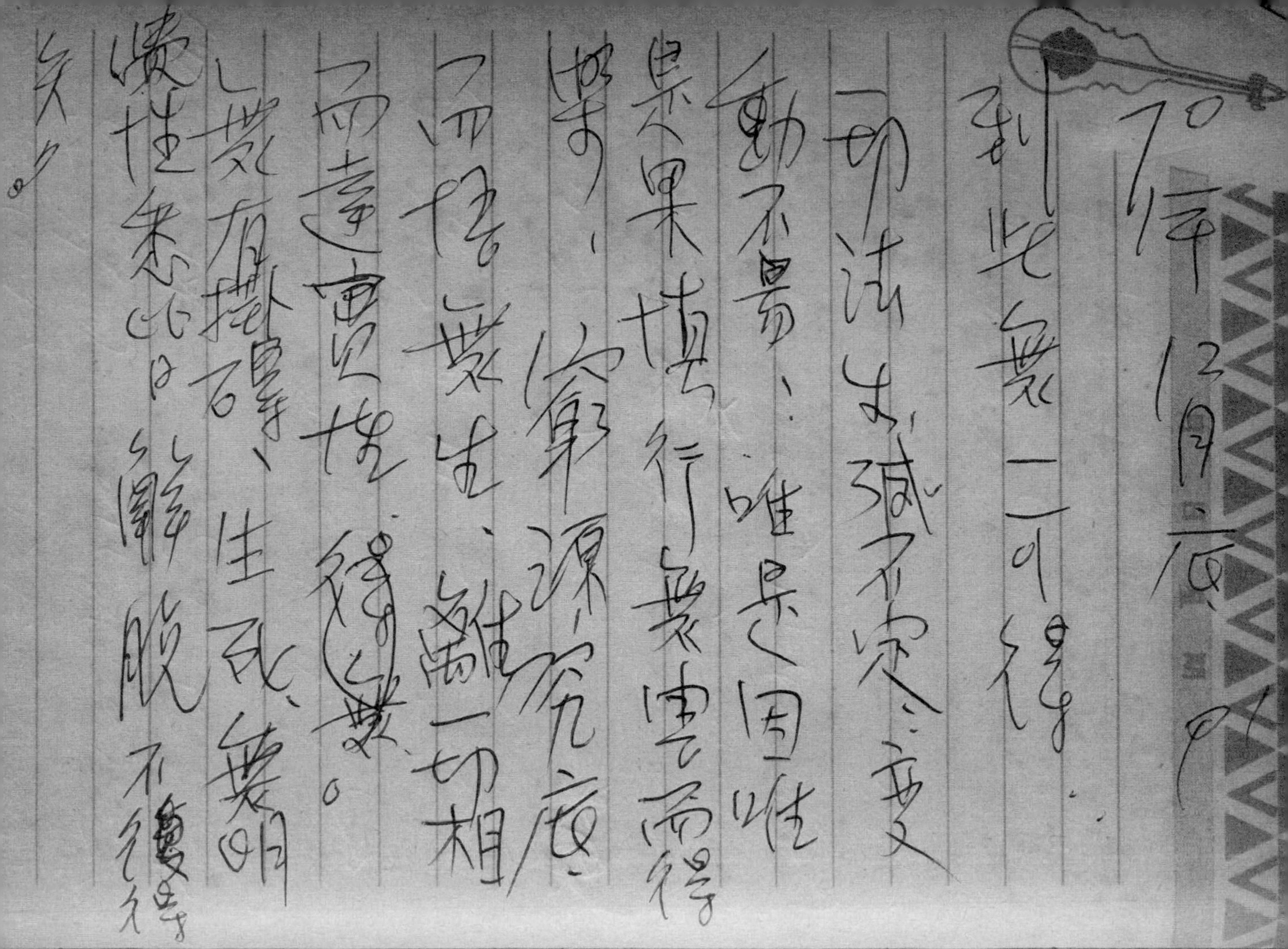

日記手稿｜1981年 12月

「到此無一可得

一切法生滅不定　變動不易

唯是因　唯是果

慎行無害　而得樂

窮源究底　而悟無生

離一切相　而達實性　無有掛礙

生死無明　覺性悉皆解脫

不復得失！」

——心道法師

日記手稿｜1982年

「去年是非常頹委的一年
處處受打擊
到了今年才算比較安定
在道業上
是一層層的突破
而求證如來之正智
圓滿一切之智慧
而入正等正覺佛果
來成就一切苦厄眾生」

——心道法師

日記手稿｜1982年

「覺證圓滿無生滅
才生才滅本寂然
世事紛紛心意動
不知……」

——心道法師

丁年

去年是非常顛簸的年知知多受打擊。到了今年才慢慢比較安定、在道業上是一層層的突破而來證如來之正知圓滿一切之智慧而入正等正覺佛果。來成就一切菩薩

覺生 6.

丁年

覺證圓滿無生滅
才去妄識本寂然
世事芬芬心意動
不知

壁書

——佛心本誓靈山志

「整個這個牢我坐得滿踏實，這些歷練對人生的認知有很大的啟發，為什麼對佛法可以了解很深、對世間的種種體會得滿入神的，都跟這些甚深的苦有關。」

——心道法師

早年生命所有的磨練、面壁坐牢的經歷，對日後　心道法師整個修行生命的取擇、對佛法的了解、實踐力的貫徹，都有絕大的影響。住進靈骨塔、墳塚苦行，面對孤寂、澈見生死，　心道法師反而更明白印照心底對真理這份永恆的追求！從真實面對、落實修行、實踐印證中，靈性生命的無限光明，日漸開啟……

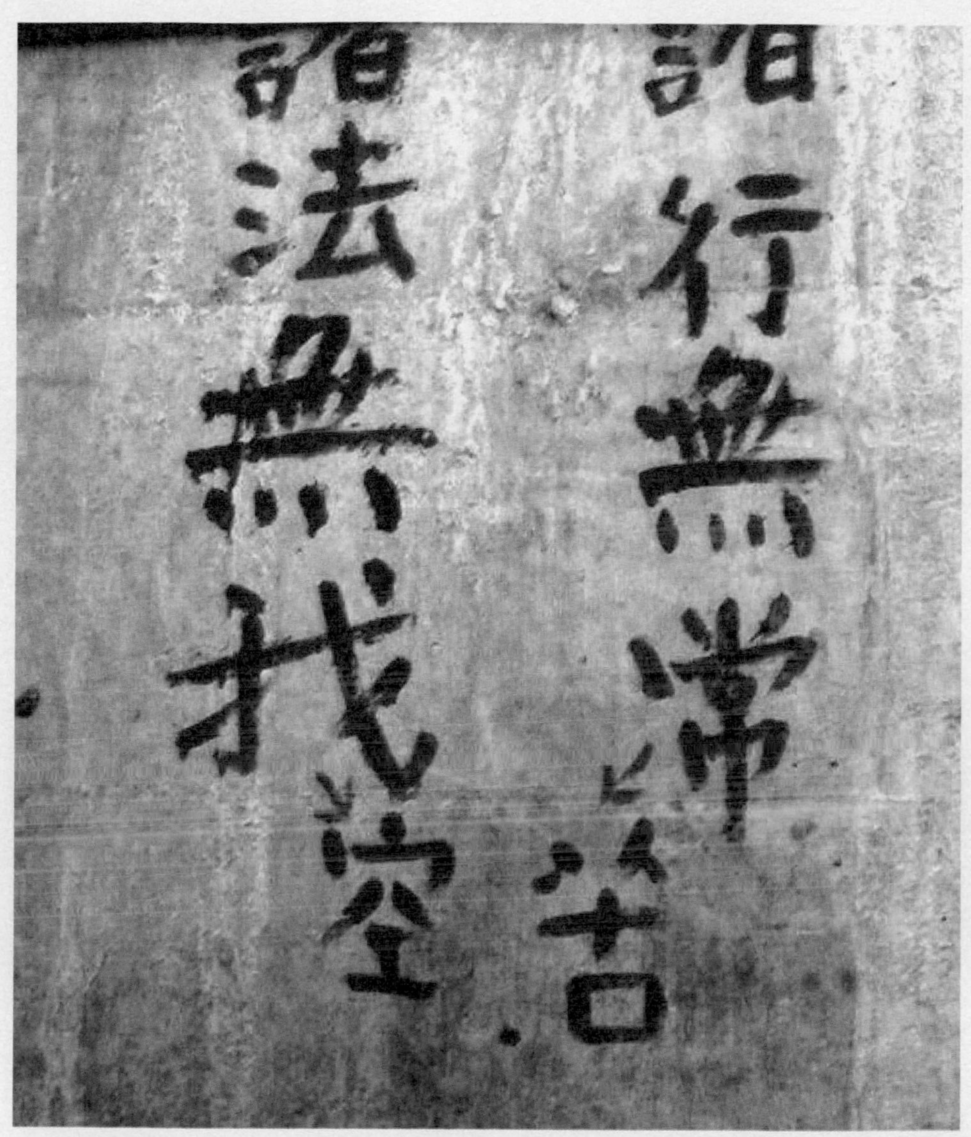

諸行無常，苦；諸法無我，空 | 1976年

面對生命現象，　師父少年時開始接觸多種信仰，般若覺觀始終是矗立心底的道念明燈。面對變動世間，　師父參「三法印」──諸行無常、諸法無我、涅槃寂靜，洞見佛法的不共真諦。

斷見思惑｜1976年

師父十六歲便興念「今生斷塵沙惑」之誓願。一九七六年遷入宜蘭礁溪莿仔崙公墓的靈骨塔修行，力行頭陀苦行，日中一食、徹夜不寐、塚間獨修，以求了卻生死、證道解脫。牆壁上以紅漆寫著「斷見思惑」四字，「見思惑」乃修道成佛、轉凡入聖過程中必須斷除的「三惑」之一，其他二惑是「塵沙惑」、「無明惑」。其中「見思惑」包含見惑、思惑二者，屬於凡夫之惑，聲聞、緣覺眾若能了斷此二惑，便能證得阿羅漢果，出離三界。

斷
思見惑

觀天地念無常，
觀世間念非常，
觀靈覺即菩提。　｜1976年

師父於靈骨塔修行期間，有感而在二樓牆壁上寫下三行偈：「觀天地念無常，觀世間念非常，觀靈覺即菩提」。這靈覺三觀紅色字跡，迄今依舊鮮明不褪，儼若震醒法界諸有情的雷音法鼓。《四十二章經》：「佛言：觀天地，念非常；觀世界，念無常；觀靈覺，即菩提。如是知識，得道疾矣。」

觀天地念無常
觀世間念非常
觀灵覺即菩提

啊　靈山禪院｜1976年

「啊　靈山禪院」是　師父寫在靈骨塔門楣上的大字。不畏淒涼塚間坐，骨塔何妨當禪院，這座靈骨塔是　師父禪修過程中甚得力之處，溫暖如家。此外，靈骨塔大鐵門兩側，　師父另寫上「靈明虛照大千界，寂滅性空體如如」二行偈子，歲月淹流，如今墨跡已不復見。

阿靈山禪院
佛光普照

墨寶
——自在揮毫化機鋒

最美的境界是寂靜的、是不生不滅的涅槃世界。一個證悟者舉手投足之間的那份純真的示現，就是一種無瑕的美。美在純真、美在直心、美在至善。流露出菩薩悲天憫人的柔氣，同時也散發出修行人堅毅的骨氣。是一種意境，是一種祝福，應該也是慈悲與智慧的加持顯現。

如來

如來藏何物
何物藏如來

心路無所住
道念無所得

1998年
灵鷲心

覺察

觀照一切法中，了無心的蹤跡。

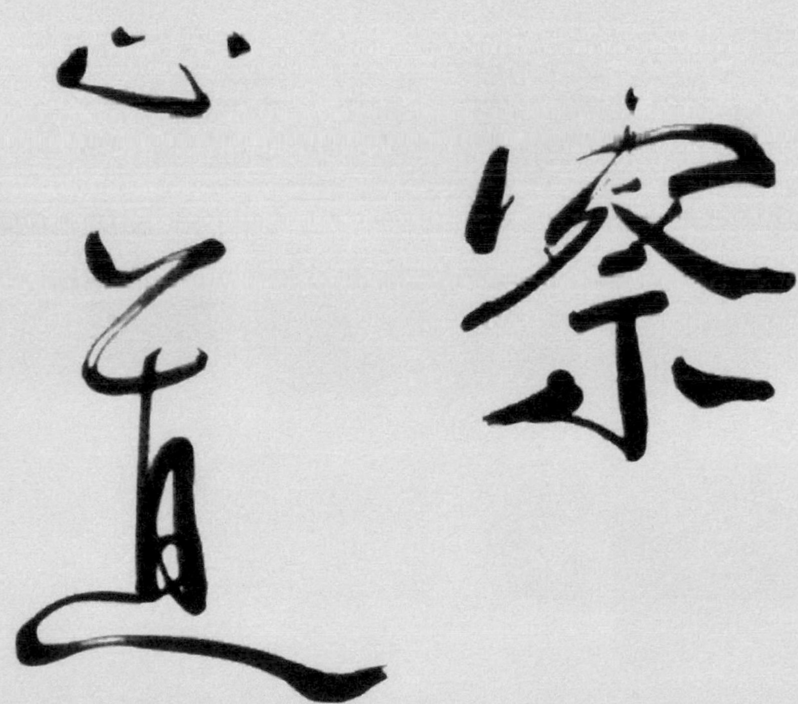

心性

從心性上說，佛其實就是心，心即是佛，
對宇宙一切具足圓滿慈悲與智慧的覺者。

勇猛精進

散漫如同月蝕，
會將生命溶蝕消失。

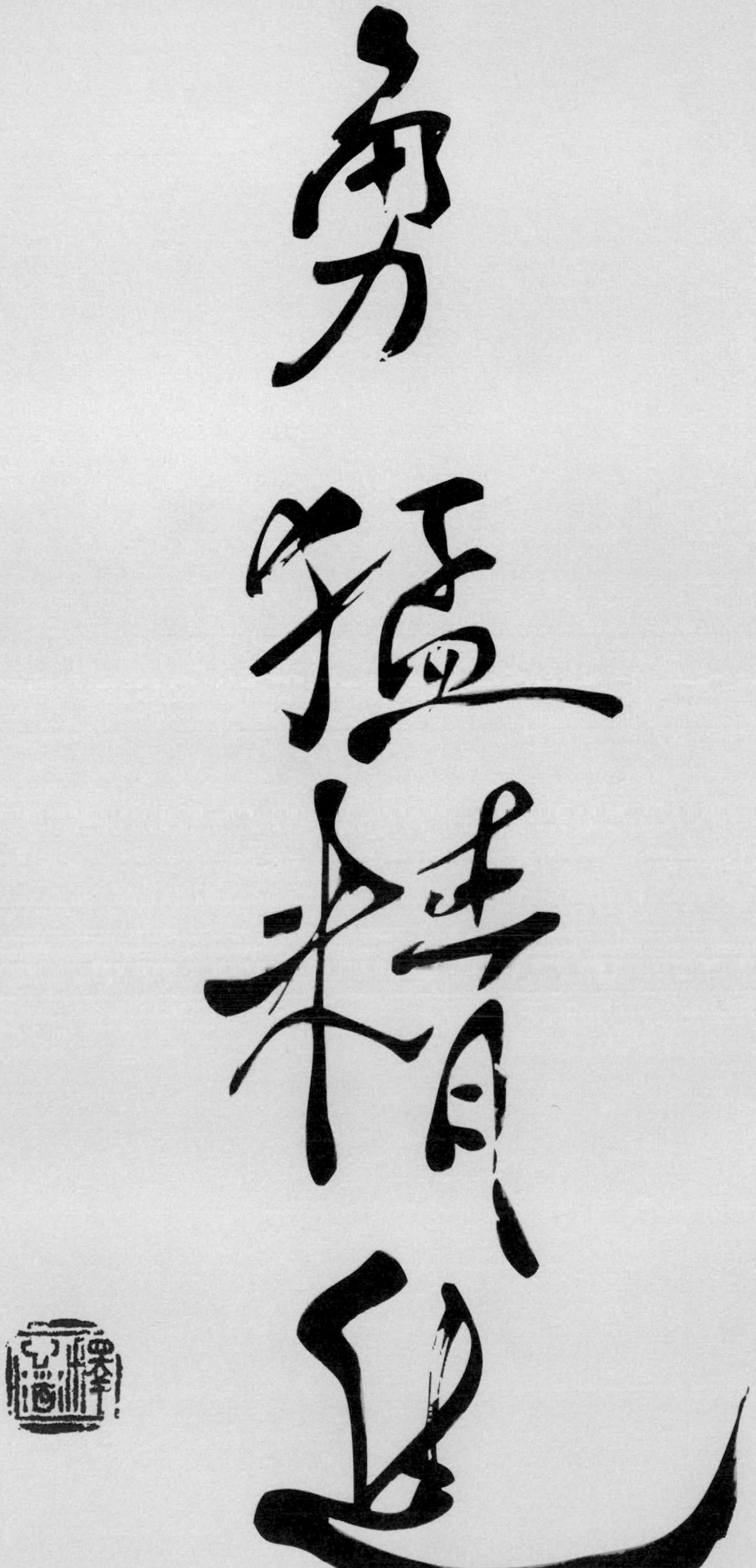

勇猛精進

道

「道由心悟」，一切佛法，
都要靠一個「明白」。

不惑是悟
行正是道

慈悲

有多大的願力就有多大的成就，
有多大的慈悲就有多大的果報。

慈悲
心道

煩惱即菩提

煩惱即是智慧
的出生地。

煩惱即菩提
心道

歡喜菩薩

大家要本著菩薩心，
去作慈悲的事情。

歡喜菩薩

心道

皈向大覺

當我們要往生時，開始身體壞了、不要啦。那就歸於大覺——大明空覺。我們的佛性，要大明，它住的地方，就是空覺。心，就叫做大明，心住在哪？就在空覺裡。所以叫做不來不去、不垢不淨、不增不減，就住在空性裡。這是究竟的地方，去哪最後都要歸於心性；離開心性就一無所得，都叫幻成。

大覺

心清自佛

心是一切能源的所在，找到心的所在，就能悟到永恆的真理。

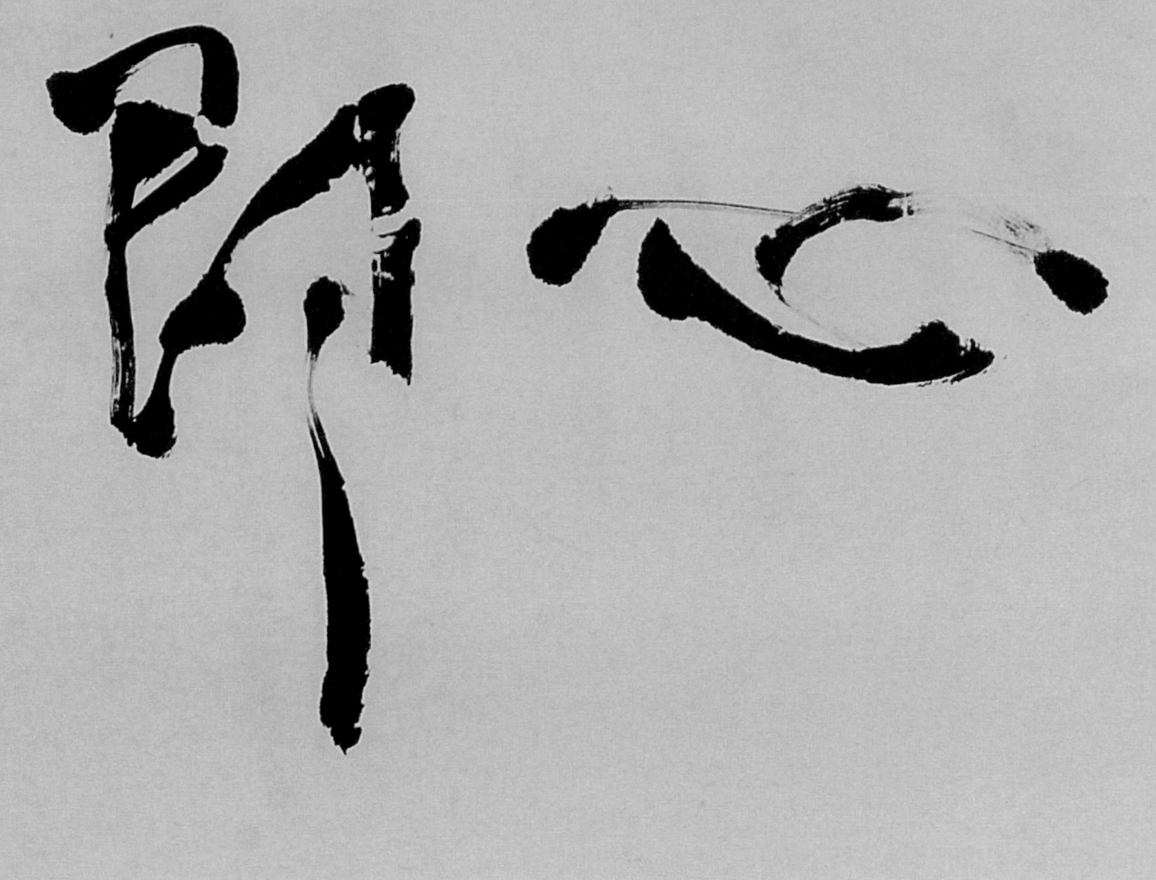

即心即佛 |

每個人從開始就是佛，所以他就是「即心即佛」。我們從本來就是佛。因為因緣的關係，造成「迷」，所以不能夠「即心即佛」。如果你離開因緣，它就是我們的這種「靈性」，從無始以來就具足、本來的。

淨妙難思

依覺悟行持，依因果生活
修行不貪著，觀照見真實。

淨妙難思
心道

天心｜

佛的臉像滿月的臉，透明、潔白、乾淨而沒有瑕疵，散發無比的光明，彷彿一千個太陽放光一樣。

天

心
辛巳年立冬
心道

修行願力

我們學佛的最基本觀念，就是發菩提心，願成佛。因為智慧，我們解脫；因為利他，所以有福祉。生生世世，每個人希望結好緣、廣結善緣。願我們的緣，都成為學佛成就的善緣。

修行願力
是生生世世
福祉無解脫

壬午年
心道

禪

禪修——就是讓自己進入真實的生命狀態中，
找回自己心的實相、本地風光。

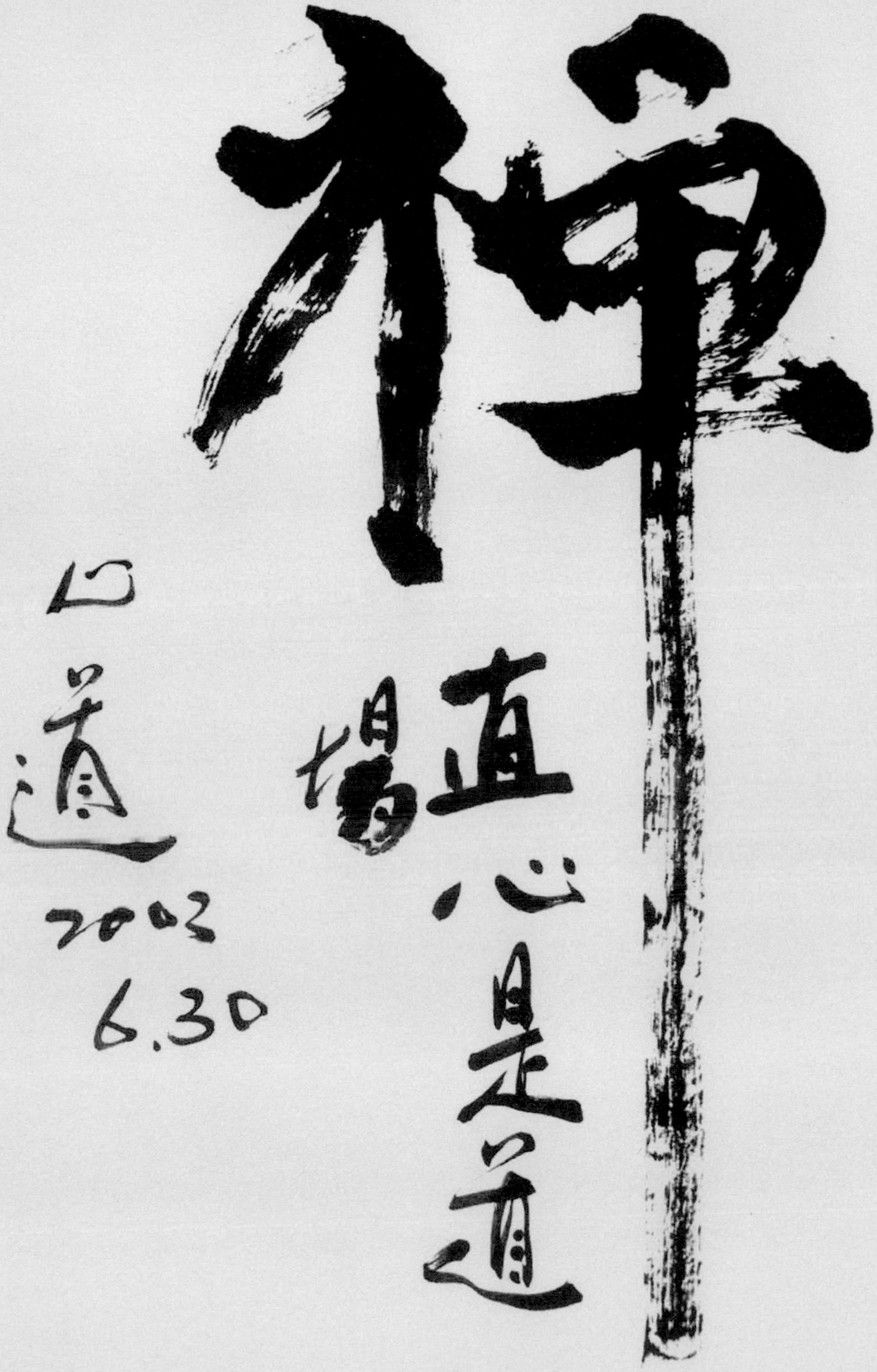

禪

直心是道場

心道
2003
6.30

佛光

佛的體性是空性的，佛的智慧是光明的，佛的事業是慈悲的。

佛光

心道

辛巳年春

生死｜

不要對生死有恐懼，因為根本沒有生死，如果有，也是一種果報，來自我們的心，聚合許多好壞的緣所獲致的結果。

心道

輪迴

輪迴是教室，苦是老師；

覺悟即修行，想法就是輪迴。

心道

解脫

放下即解脫，生活中的解脫就是處處放下，你究竟放不下什麼？

寂靜

用寂靜的心，

面對不寂滅的世界。

真心

真如一心，法界一切，無實、無虛、明味光耀，心真一如。

真如一心 法界一如
無實無虛 明味光耀
心真一如
乙酉年 心道

見性

「禪」就叫做明心見性。明心見性就是我們的歸宗——心的本性。

傳心

心是我們生命的主人，
學佛最重要就是找回這顆本來的心。

傳心

佛味

要了解佛法，不是短暫的時間就能，要長期的薰陶。習慣了，就聽得懂，時間到了，你就聽得下去，而且不會錯。弄久了以後，你就一身「佛味」，把你弄成了佛味，不成佛也不行了。

佛心味道

華嚴世界

所謂的華嚴世界就是兼容並蓄的世界，這個世界所呈現的種種現象，其主要目的都是要讓人們獲得增長智慧的機會和生命的啟示。

華嚴世界
丙戌年 心道

調伏其心

心是調伏己心，而非調伏外境，心順則境順，調心則如意。

調伏其心

甲申 心道

靈鷲山三乘佛學院 |

「傳承佛法、復興那爛陀」是　心道師父視為當代必須實踐的重要使命。靈鷲山三乘佛學院，創辦於2003年，　心道法師以其三乘合一的修行，從頭陀苦行到菩薩道，著重以菩提心為因，以禪為體，以密為用，以戒為基，化育四眾弟子修行生活，帶領大眾從內證能量驅動實踐利益眾生的佛化志業，成就華嚴世界的時代性意義。

吉祥世界

2005年，禪修推廣第三年，心道法師手書春聯，為眾加持祈福。

吉祥世界

亨通諸事

心道師父祝賀丁亥年亨通諸事。

福慧年年

心道師父手繪「除障吉祥獸」，祝賀丙戌年吉祥平安。

鼠昇隆富貴 ｜

鼠屬「子」、昇取諧音「申」（屬猴），隆為諧音「辰」（屬龍），子、申、辰為「三合」，三合為水，遇水則發。 心道師父為眾生祈福構思所寫2008年靈鷲山春聯墨寶。

簽名法語

——慈悲語錄憫世人

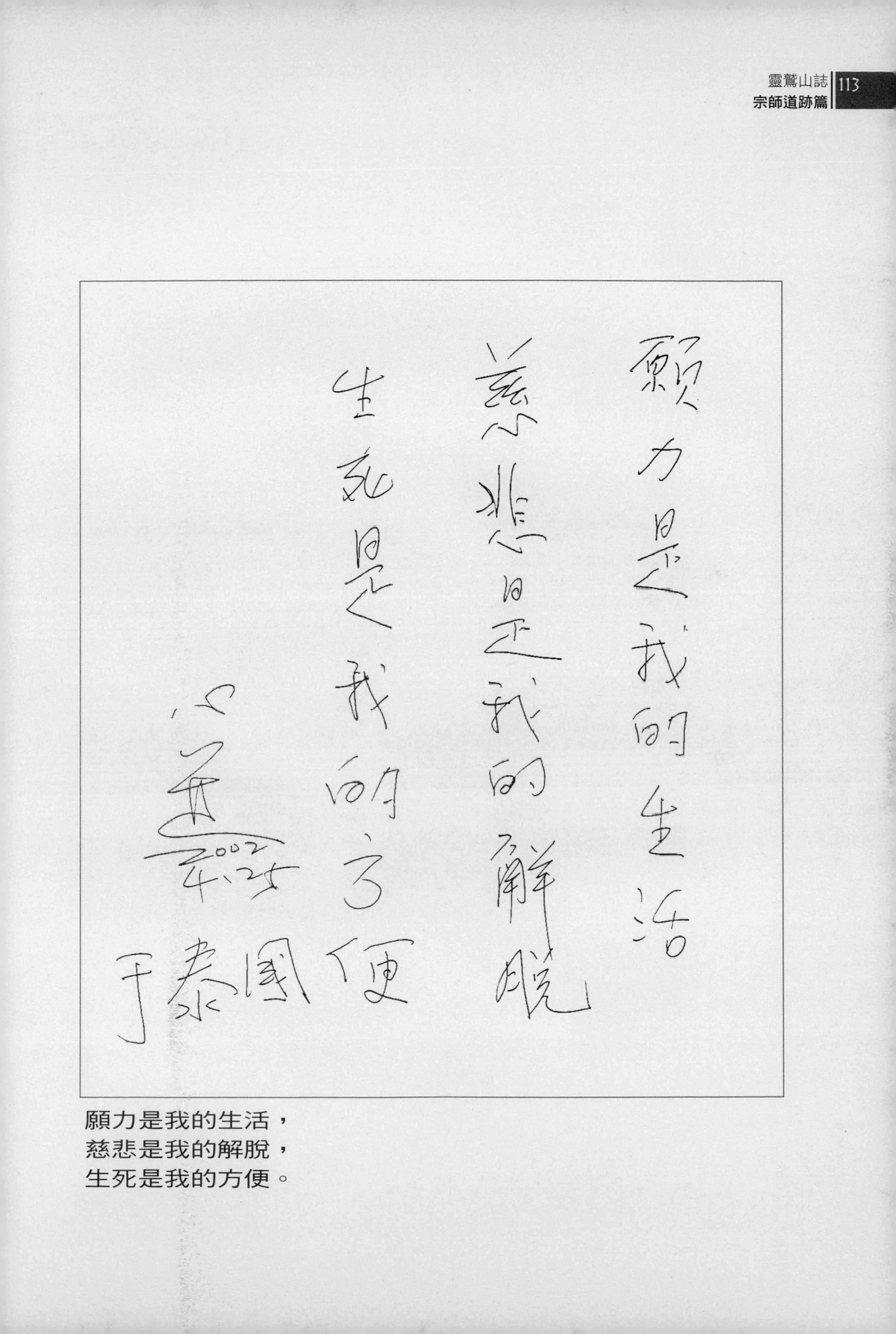

願力是我的生活，
慈悲是我的解脫，
生死是我的方便。

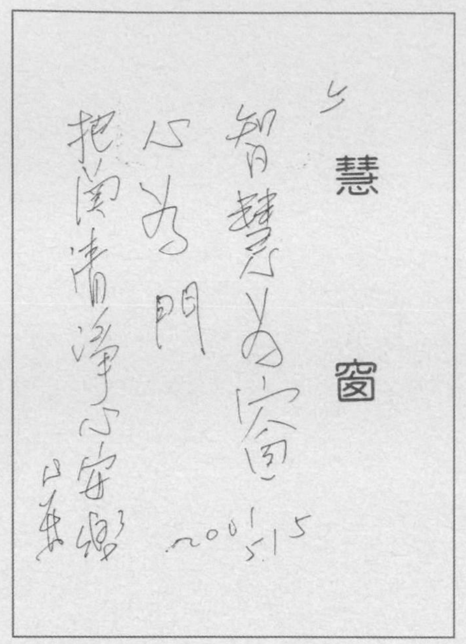

智慧為窗心為門，把關清淨心安樂。

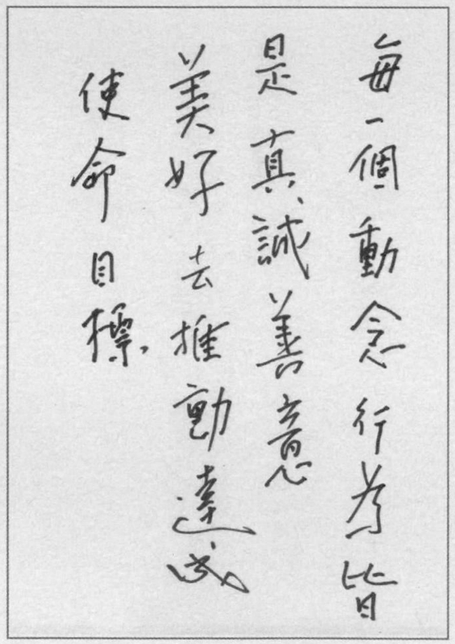

每一個動念行為皆是真誠善意美好，去推動達成使命目標。

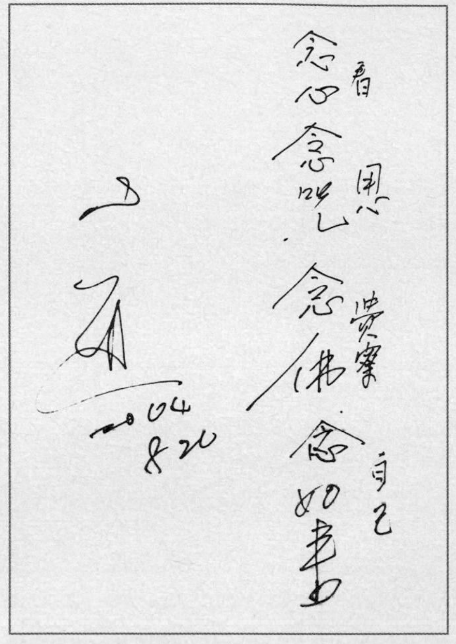

念心（看）念咒（用心），念佛（覺察）念如來（自己）

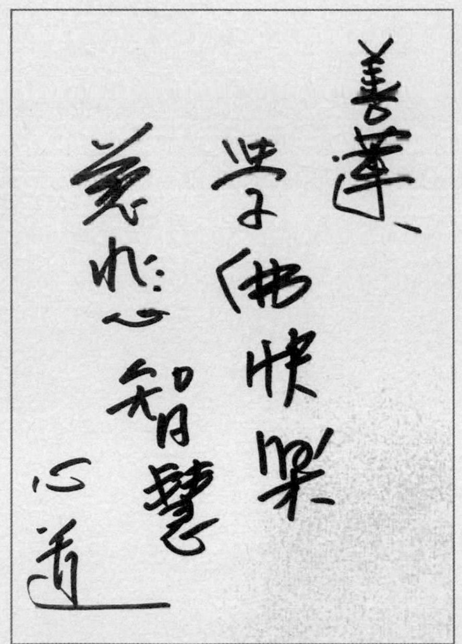

學佛快樂，慈悲智慧。

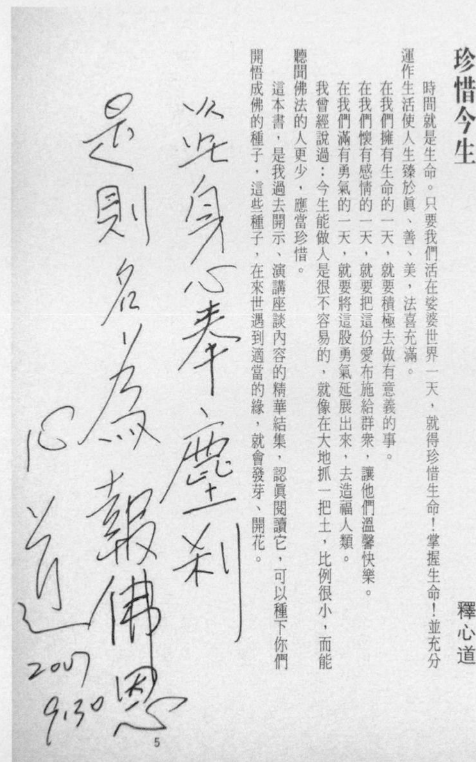

珍惜今生

釋心道

時間就是生命。只要我們活在娑婆世界一天，就得珍惜生命！掌握生命！並充分運作生活使人生臻於真、善、美，法喜充滿。

在我們擁有生命的一天，就要積極去做有意義的事。

在我們懷有感情的一天，就要把這份愛布施給群眾，讓他們溫馨快樂。

在我們滿有勇氣的一天，就要將這股勇氣延展出來，去造福人類。

我曾經說過：今生能做人是很不容易的，就像在大地抓一把土，比例很小，而能聽聞佛法的人更少，應當珍惜。

這本書，是我過去開示、演講座談內容的精華結集，認真閱讀它，可以種下你們開悟成佛的種子，這些種子，在來世遇到適當的緣，就會發芽、開花。

5

以此身心奉塵剎，是則名為報佛恩。

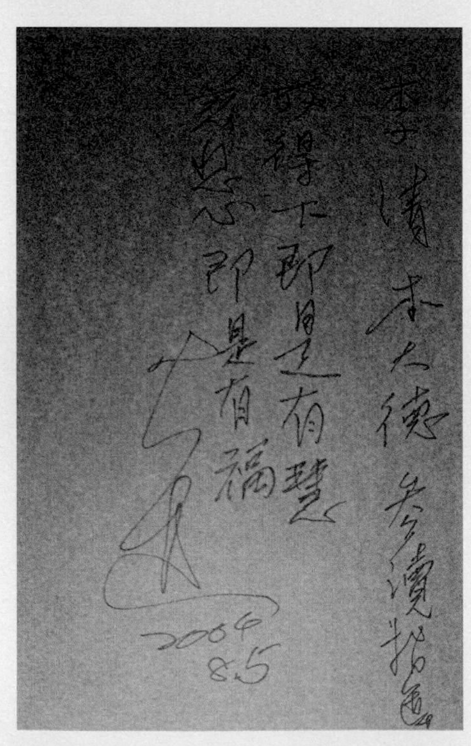

放得下即是有慧，慈悲心即是有福。

一切的發心是空性花蕊。恆心與平常就是精進，一步步走向佛陀的智慧大道。

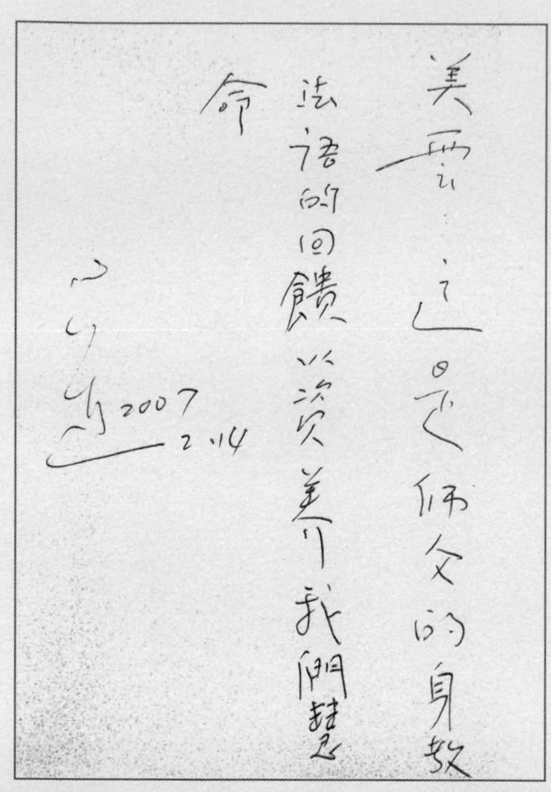
美雲：這是師父的身教法語的回饋以資養我們慧命
心道 2007 2.14

這是師父身教法語的回饋，以資(滋)養我們慧命。

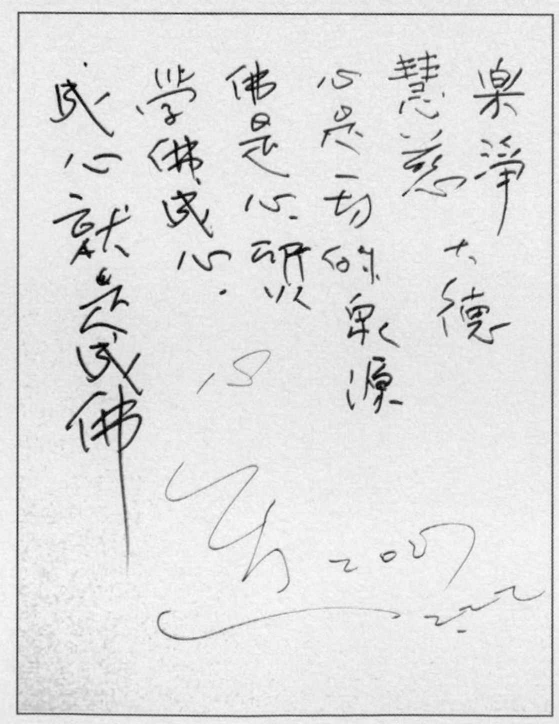
泉淨大德
慧慈
心是一切的泉源
佛是心，所以
學佛成心，
成心就是成佛
心道 2007

心是一切的泉源，佛是心，所以學佛成心，成心就是佛。

心性的無礙智慧是無所不在，處處是歡喜，開心的走菩薩道。

林教授 谷芳
禪：無心無意
了心即安心
心
2007
2.4

禪：無心無意，了心即安心。

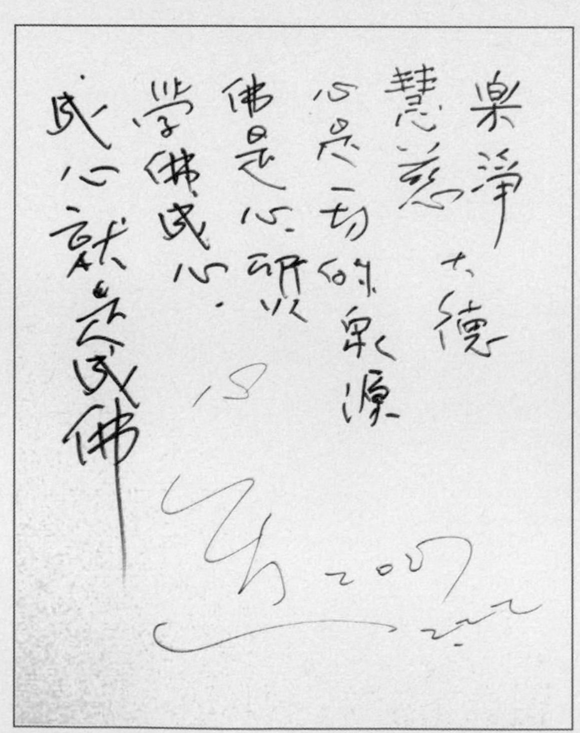
泉淨
慧慈 大德
心是一切的泉源
佛是心，所以
學佛成心，
成心就是成佛
心
2007

心是一切的泉源，佛是心，所以學佛成心，成心就是佛。

知命知進退。家風禪，心是泉源，環境唯心所識顯現，生活比(彼)此關係，是因果世界環繞，是共業生命輪迴是記憶，當下是源頭也是起點。

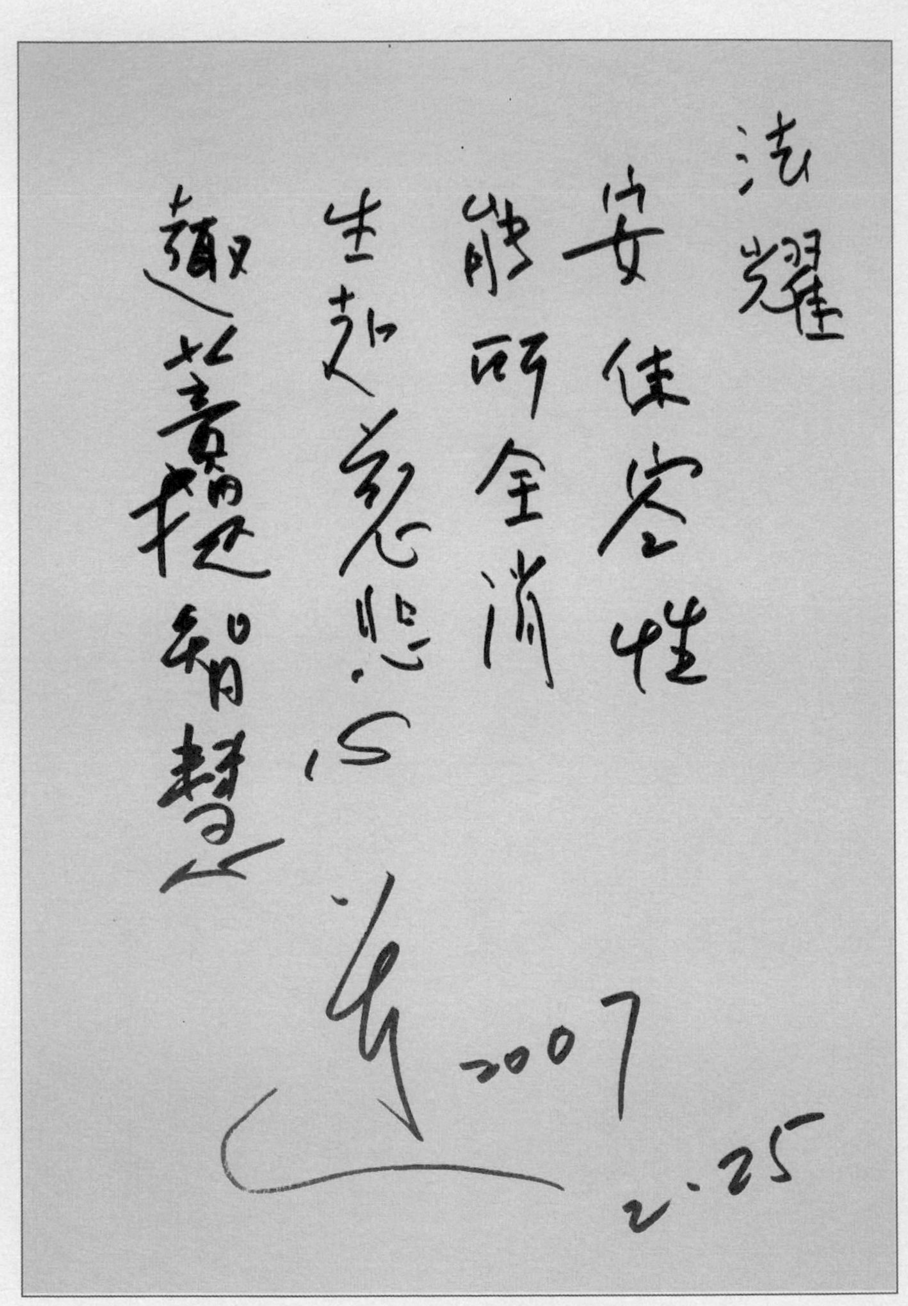

安住空性，能所全消，生起慈悲心，趣菩提智慧。

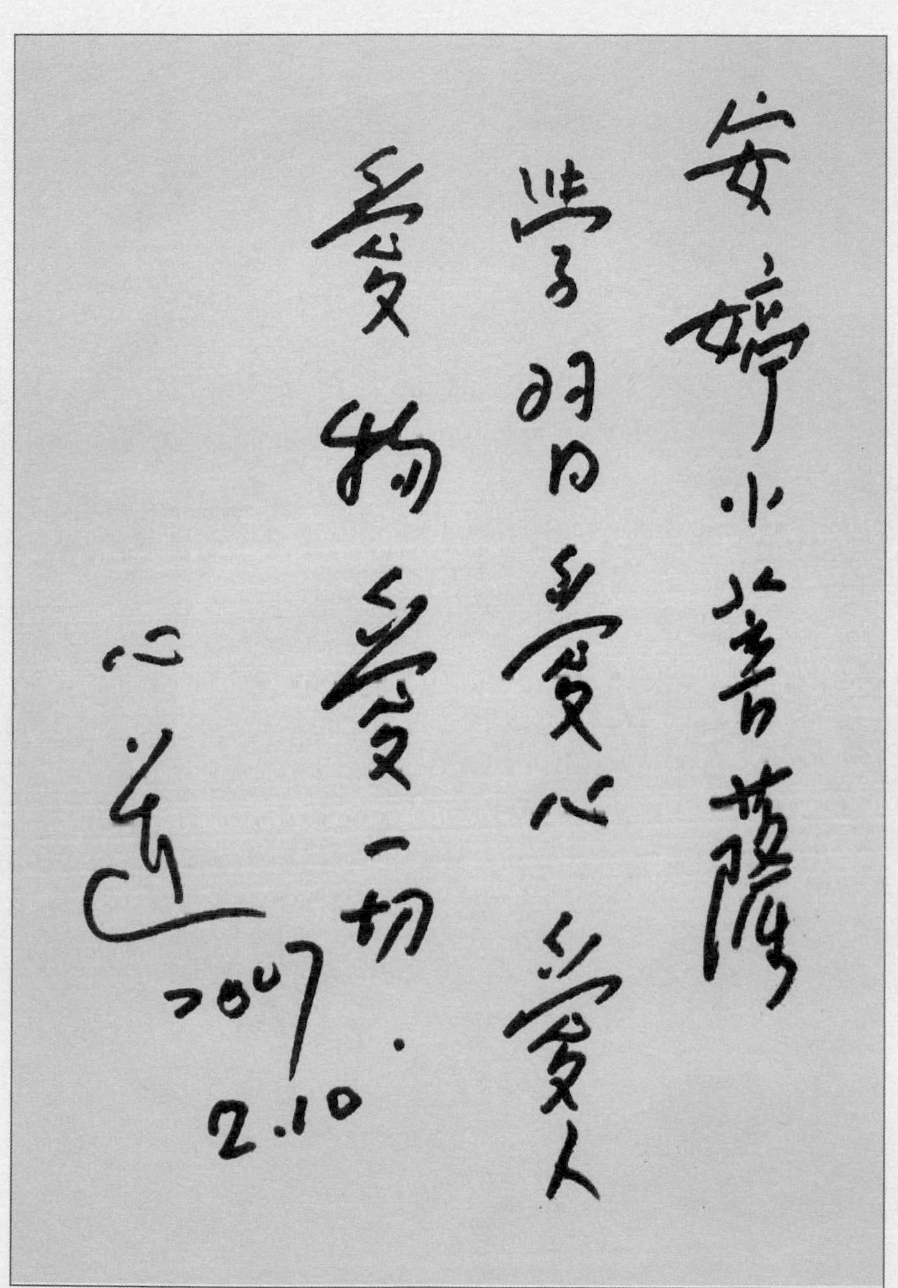

學習愛心，愛人愛物愛一切。

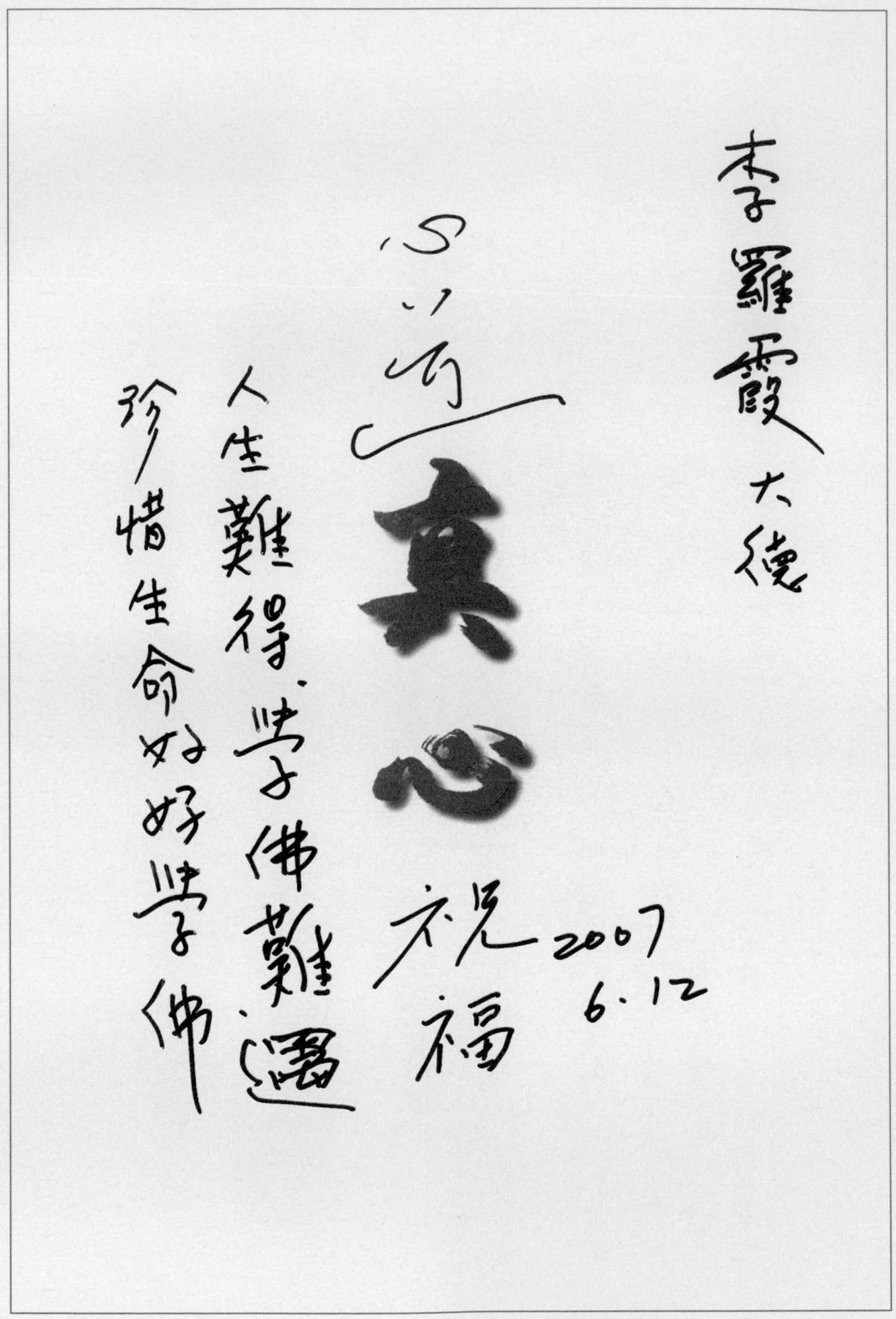

人生難得，學佛難遇，珍惜生命好好學佛。

生命誠可貴，學佛價更高。

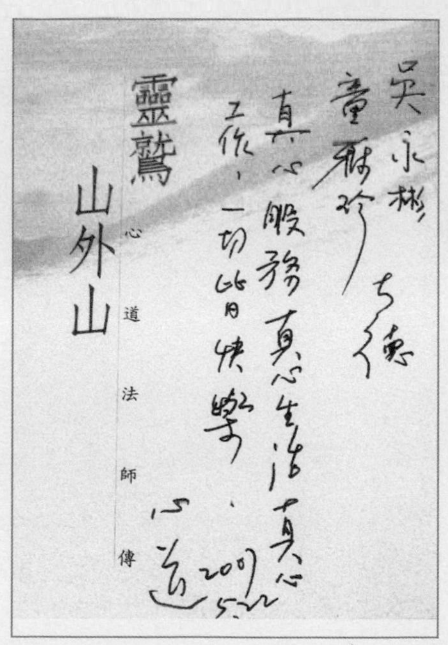

真心服務、真心生活，真心工作，一切皆快樂。

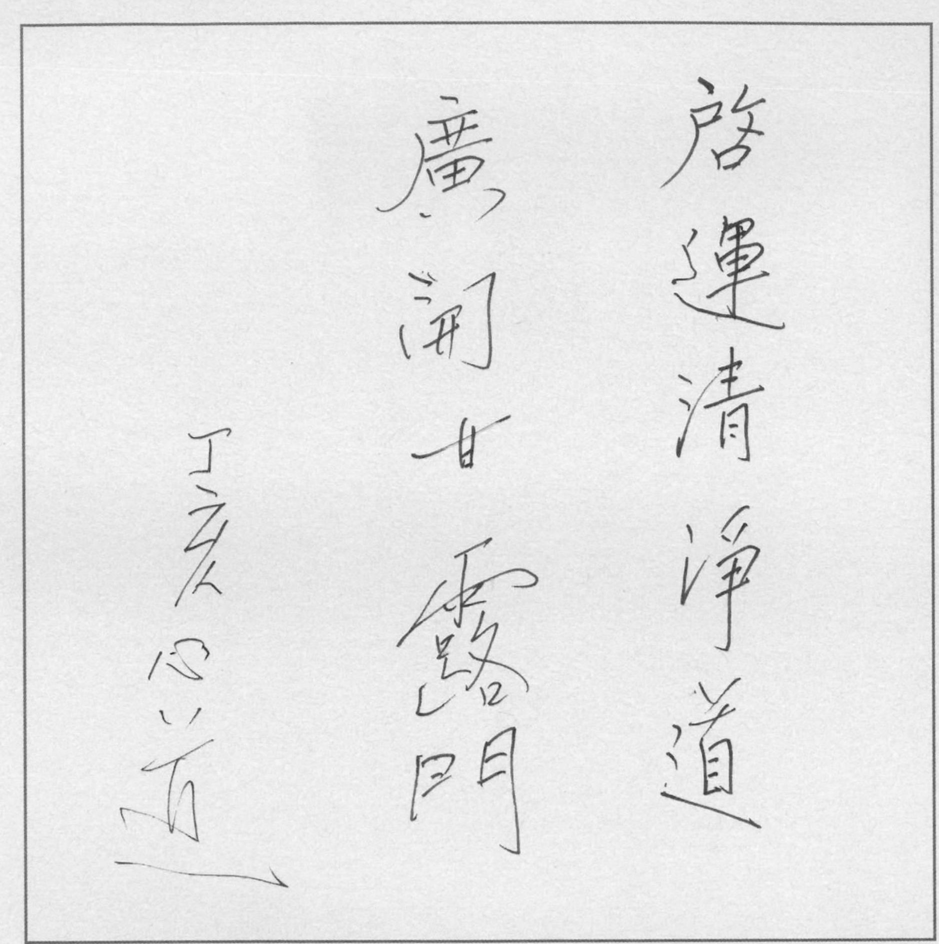

啟運清淨道，廣開甘露門。

「團結三乘、宗教交流、培育僧才」是　心道師父畢生自任的三大使命。2006 年，　心道師父再度閉關：「開山廿年，感謝大家一路跟著忙碌，世界宗教博物館蓋好了，但大家的心沒有蓋好，所以以身作則，先回歸、從心開始，做最平實的修法，做最仔細的工作，回到自己的本心。」　師父近乎整年斷食閉關，出關法語：「啟運清淨道，廣開甘露門 。」

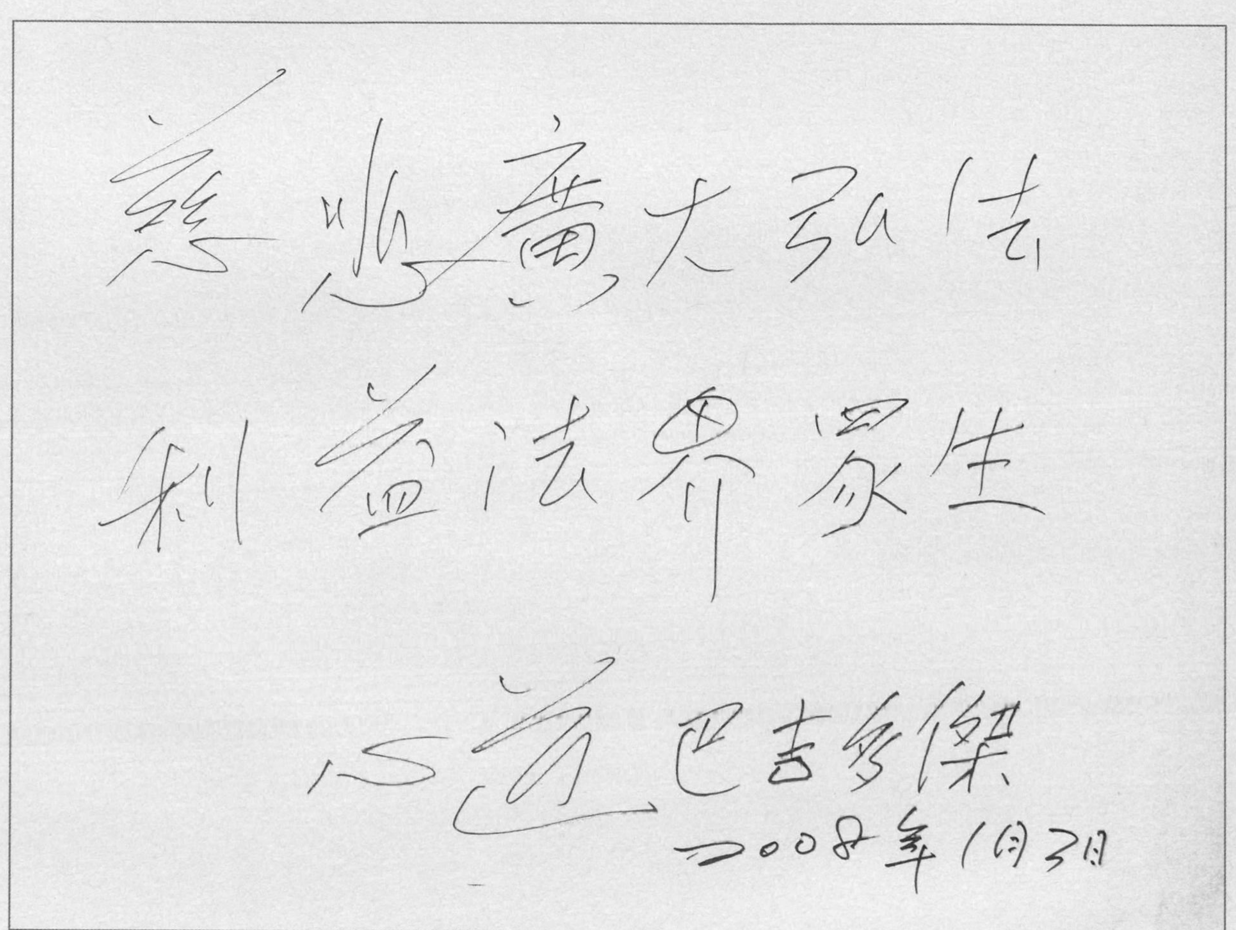

慈悲廣大弘法，利益法界眾生。

貳

受贈文物篇

受贈墨寶—揮毫皆法為贈禮

受贈畫作—十方工畫照靈山

受贈墨寶

——揮毫皆法為贈禮

秉持「傳承諸佛法，利益一切眾」的使命，　心道師父由修道自覺、帶領僧俗行化覺他、以佛行志業淨覺利生，蒙法王尊長、國際人士認同支持，歡喜贈墨、供養獻藝、甚至頒獎垂譽，開山以來其數無量！難以備載！銘感之至！

適逢靈鷲山廿五週年，謹選其中數箴墨寶，代表獻禮共饗法界！祈願共同見證：一筆一念，一色一心，心底頁外，心光本明，恆常自在，映源共榮，無一無別！

如上師三寶本心所證，願大眾其所願普願迴向：由依止願力真心、難捨能捨，啟開伏藏，成就無上正覺！華嚴世界心華莊嚴、因該果海，心佛眾生無二無別！

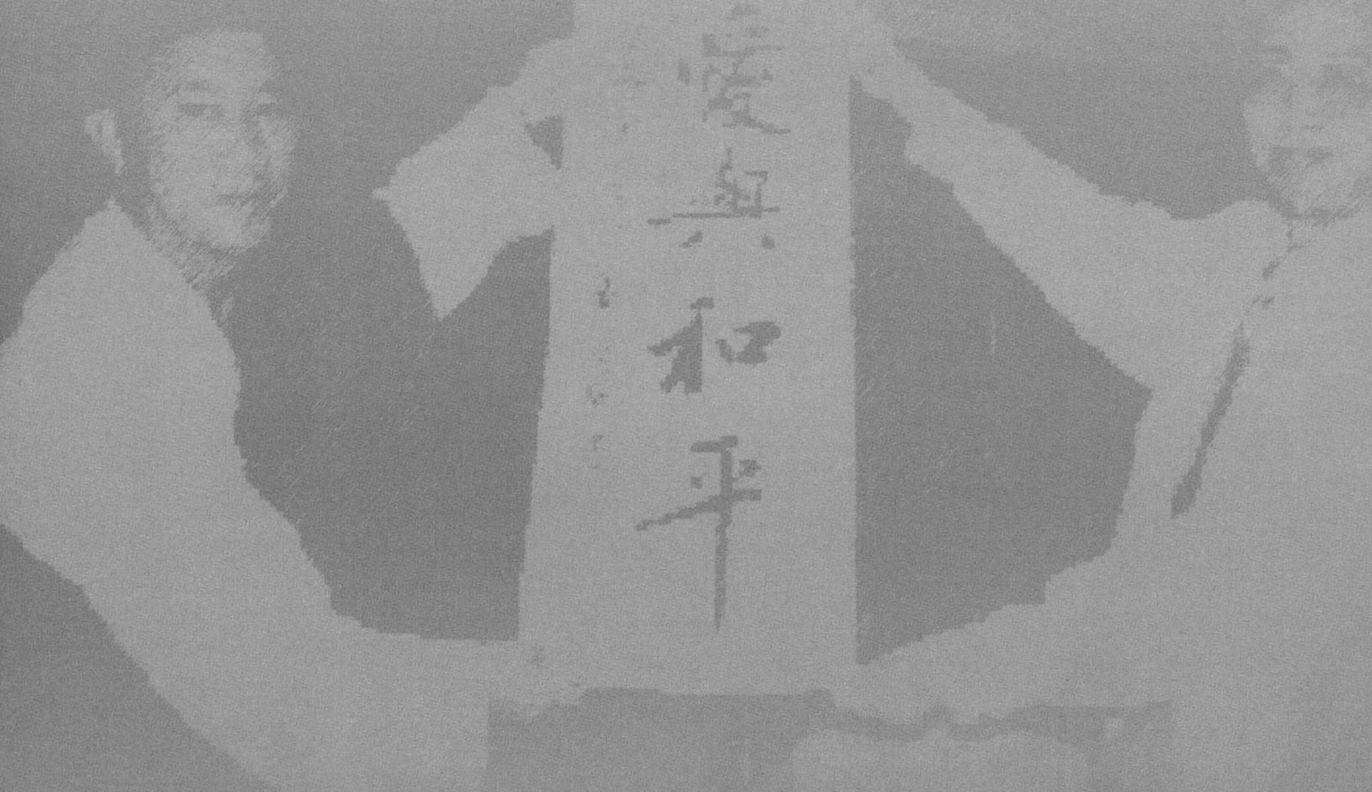

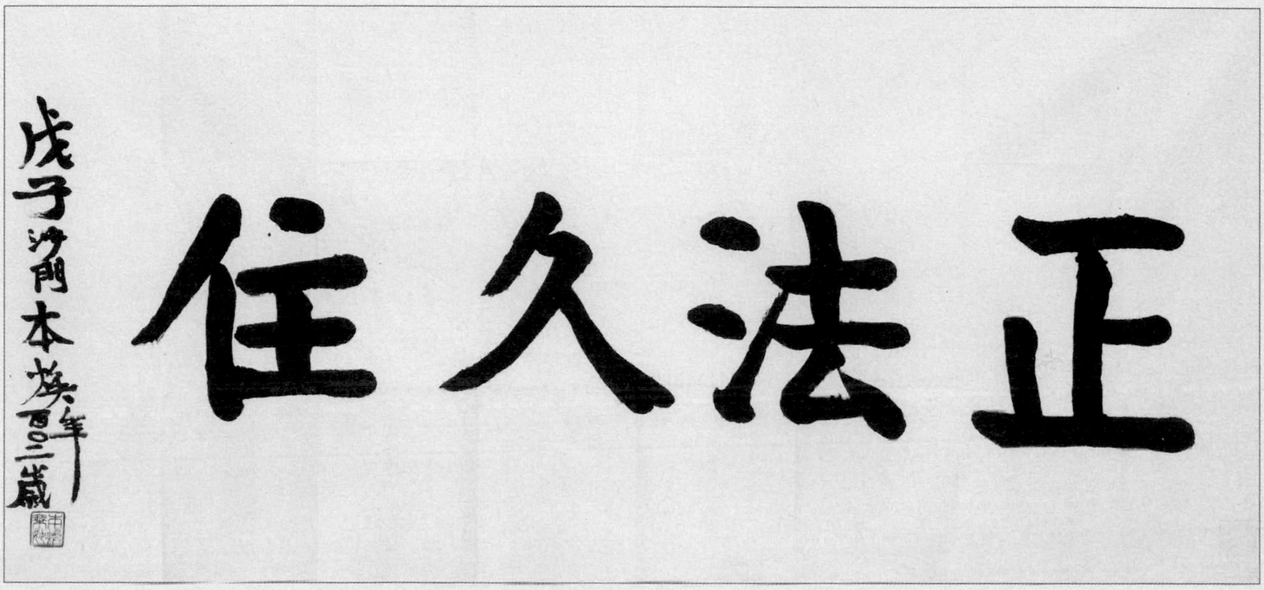

正法久住｜本煥長老　2008年

靈鷲山廿五週年誌慶

正法久住 | 戒德長老　2008年

靈鷲山廿五週年誌慶

戒德長老為當今台灣寶華山戒法儀規傳承之翹楚，　心道師父當年戒壇之開堂和尚，靈鷲山歷屆水陸法會迄今亦敦請為內壇主壇和尚。

2006年靈鷲山於香港首場兩岸三地水陸空大法會，　心道師父閉關中仍應邀為大會導師，戒德長老（台灣）與本煥長老（中國）、永惺長老（香港）等兩岸三地近百歲「人瑞級」國寶大師及逾百位法師、功德主、超過兩百位義工等的跨海大會師，實為歷年難得盛事！

此次靈鷲山週年慶，兩位國寶大師隔岸同以「正法久住」親題墨寶致贈，足見長老們對靈鷲山佛法傳承的殷切寄望。

靈鷲山
無住道場開山二十五週年誌慶

正法久住

戒德
二〇〇八、六、吉日

明心念佛 ｜ 泰國第十九世僧王智護尊者　2003年

泰國第十九世僧王智護尊者年高德劭、禪法湛深，因健康故未曾來台，自千禧年與　心道師父結緣贈與首尊金佛後，多次遣僧皇寺代表來山交流。2003年水陸法會時贈與「成功佛」，並邀請　心道師父為僧王寺所屬大學研究所師生演講，　心道師父以「當代宗教交流與三乘佛法的展望」與寺中學僧分享心得；也是在這次因緣中，　心道師父得見僧王寺後殿臥佛，經僧皇再度首肯贊同，遂為靈鷲山「金佛園區」開山聖殿的鑄化金身臥佛緣起。

泰僧王智護尊者墨寶
明心念佛

靈鷲山無生道場
開山二十五週年誌慶

佛教之光

世界佛教華僧會
會長淨心 敬賀

佛教之光 | 淨心長老 2008年
靈鷲山廿五週年誌慶

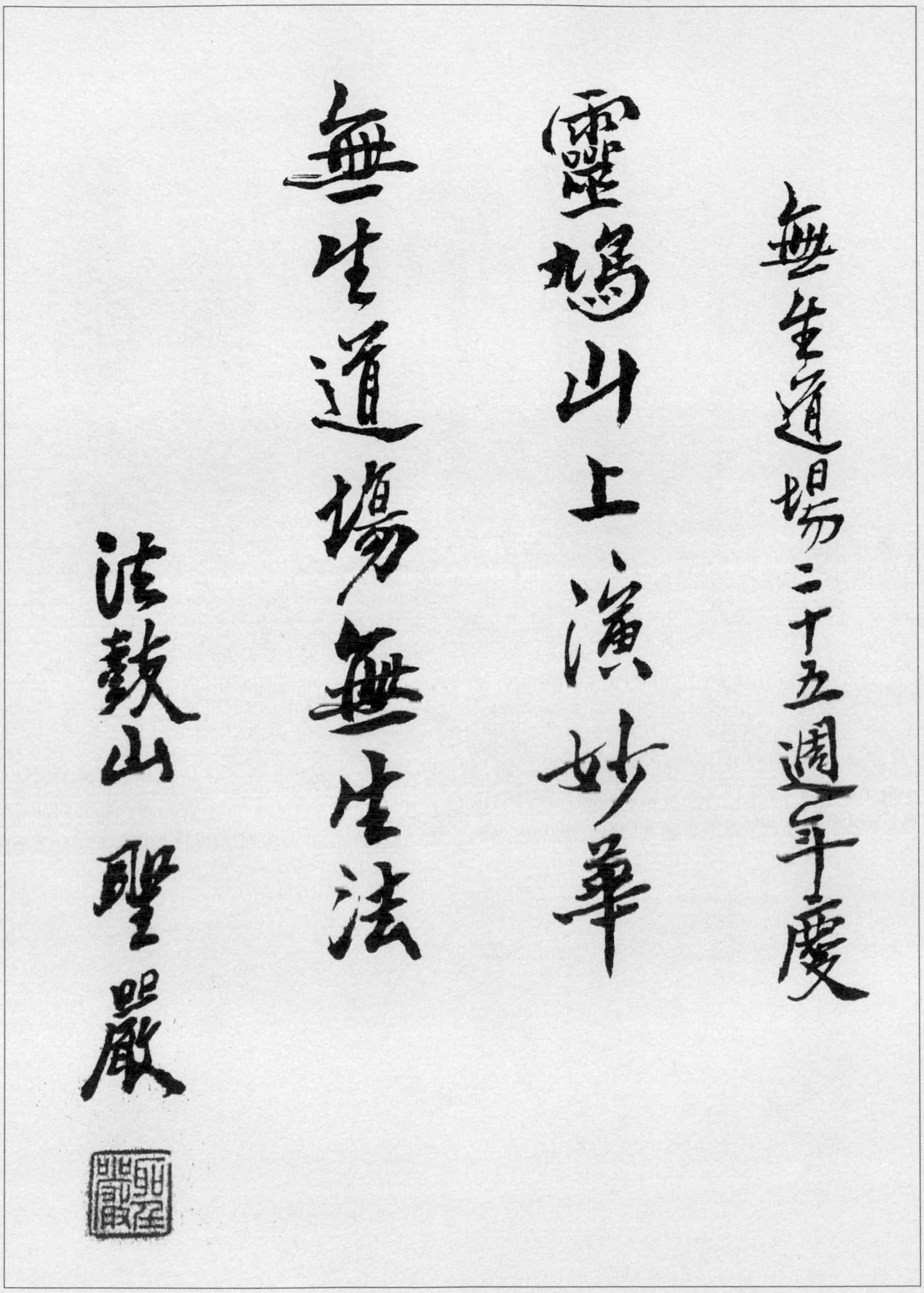

無生道場二十五週年慶

靈鷲山上演妙華

無生道場無生法

法鼓山 聖嚴

靈鷲山上演妙華，
無生道場無生法。 | 聖嚴法師　2008年

靈鷲山廿五週年誌慶

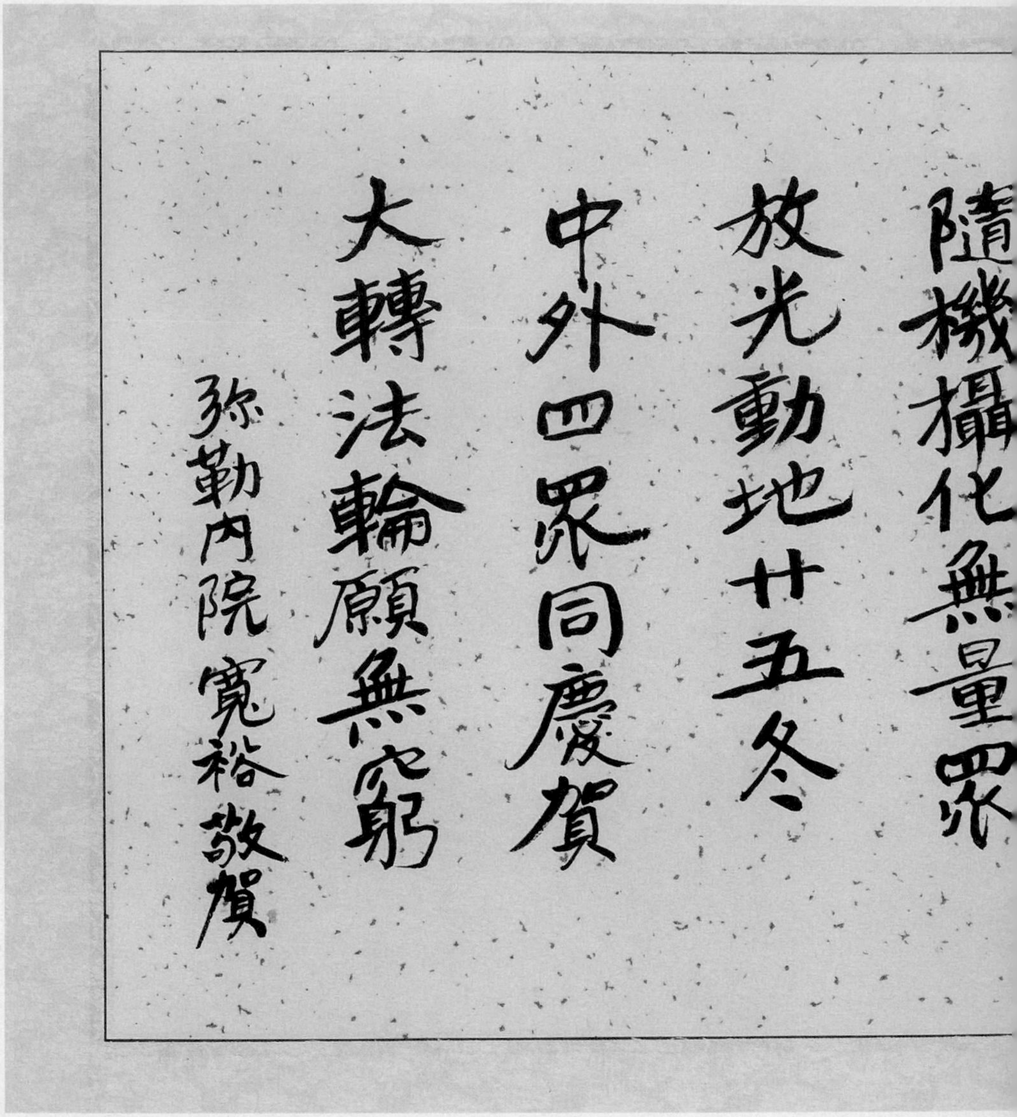

隨機攝化無量眾
放光動地廿五冬
中外四眾同慶賀
大轉法輪願無窮
彌勒內院 寬裕 敬賀

靈鷲山峰擎天秀，無聲道場隱林中；
龍象潛修獅子窟，行解相應道業隆；
隨機攝化無量眾，放光動地廿五冬；
中外四眾同慶賀，大轉法輪願無窮。

寬裕長老　2008年　靈鷲山廿五週年誌慶

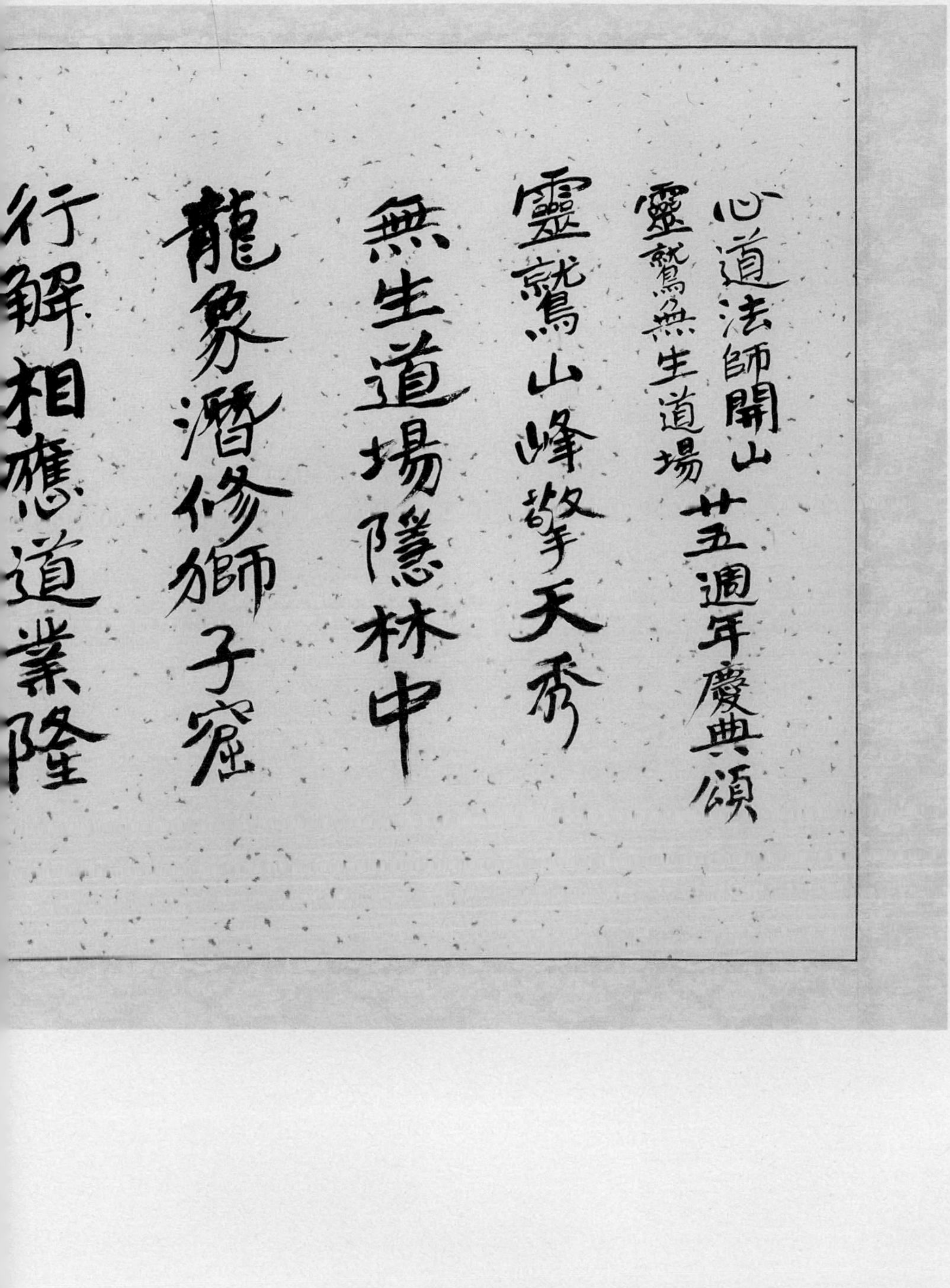

心道法師開山
靈鷲無生道場 廿五週年慶典頌

靈鷲山峰擎天秀
無生道場隱林中
龍象潛修獅子窟
行解相應道業隆

一念不生照明諸法人空法空是無生，
萬德圓滿境寂心空才知此地即靈山。

大詮長老　2008年　靈鷲山廿五週年誌慶

絕世貪愛，趣佛菩提 | 遠光法師 2003年

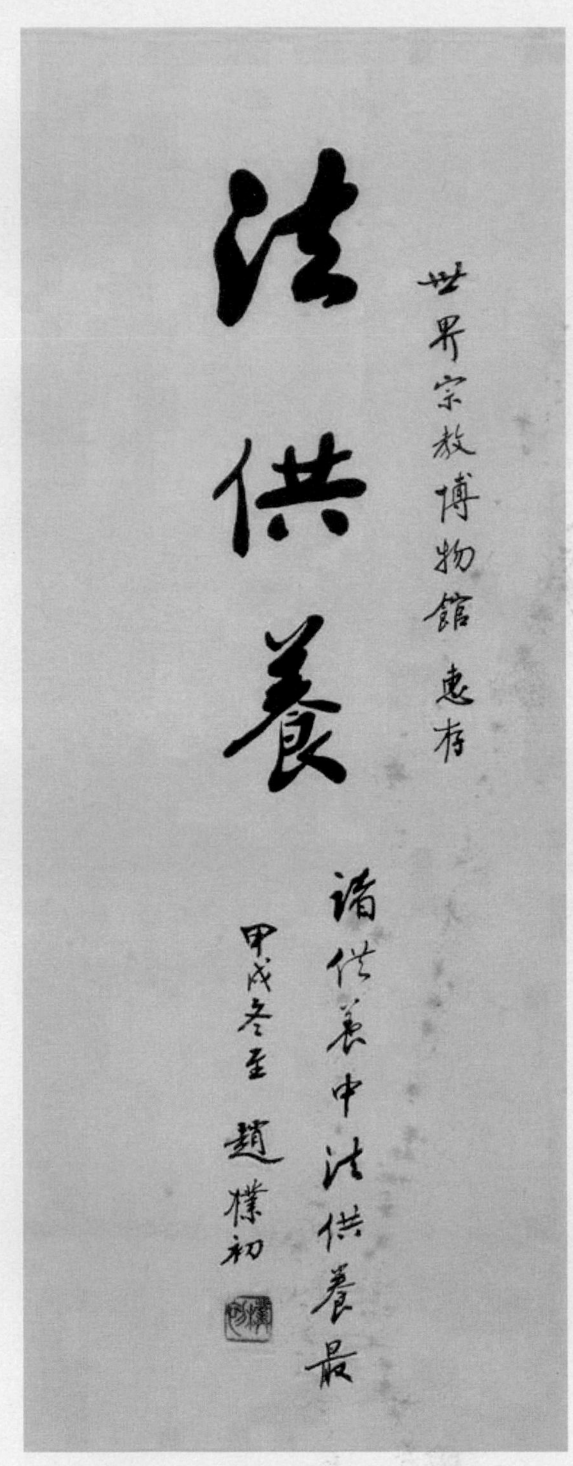

法供養 | 趙樸初 1994年

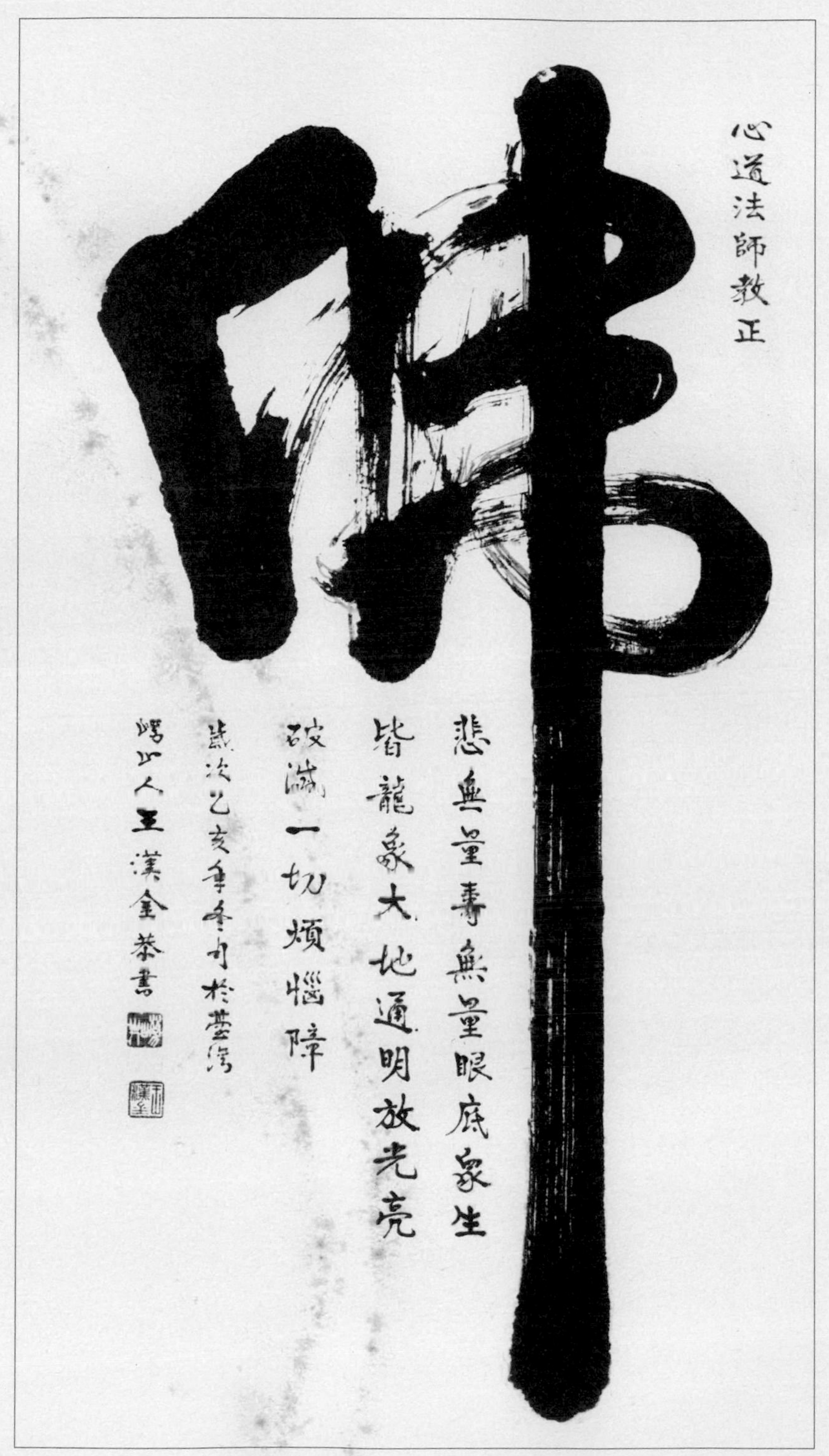

佛 | 王漢金　1995年

滌塵 | 王甸琳　1998年

靈鷲山無生道場 | 漢寶德 2008年

尊勝佛母咒心種子字 | 第十二世竹巴法王

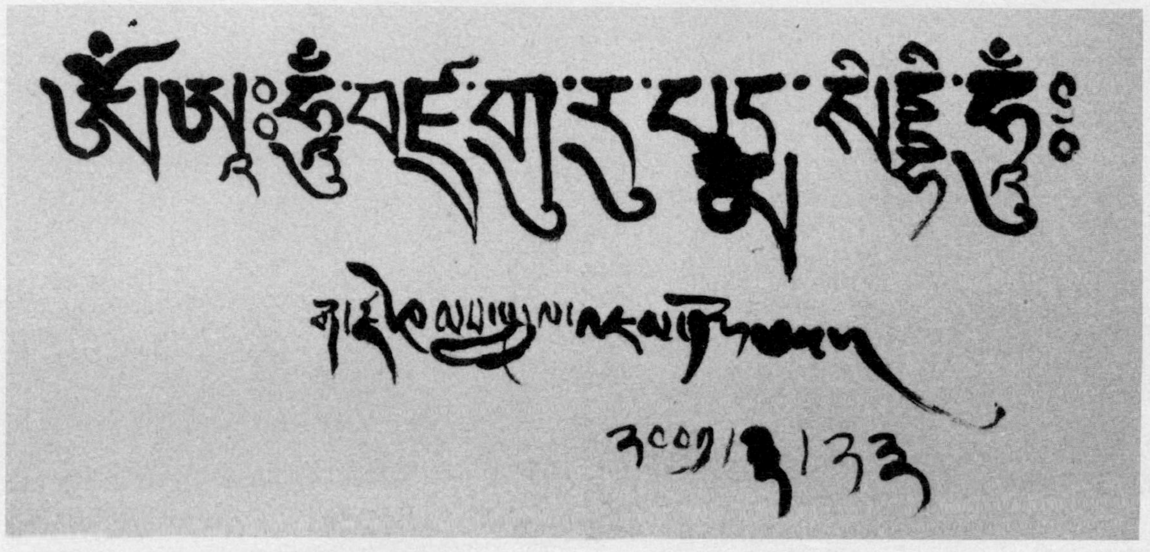

蓮師心咒 ｜ 賈杰康楚仁波切

菩薩活在人間｜吳伯雄　1993年
靈鷲山無生道場開山十週年紀念

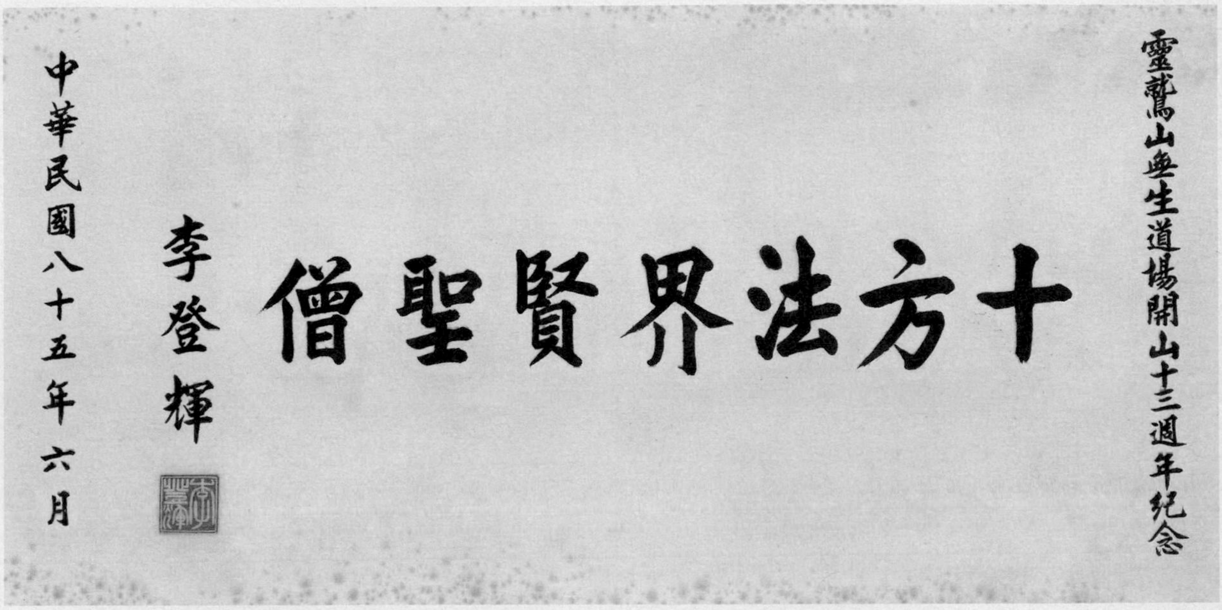

靈鷲山無生道場開山十三週年紀念

十方法界賢聖僧

李登輝

中華民國八十五年六月

十方法界賢聖僧｜李登輝　1996年
靈鷲山無生道場開山十三週年紀念

無生之生｜郎靜山　1987年

親和 | 涵靜老人　2003年

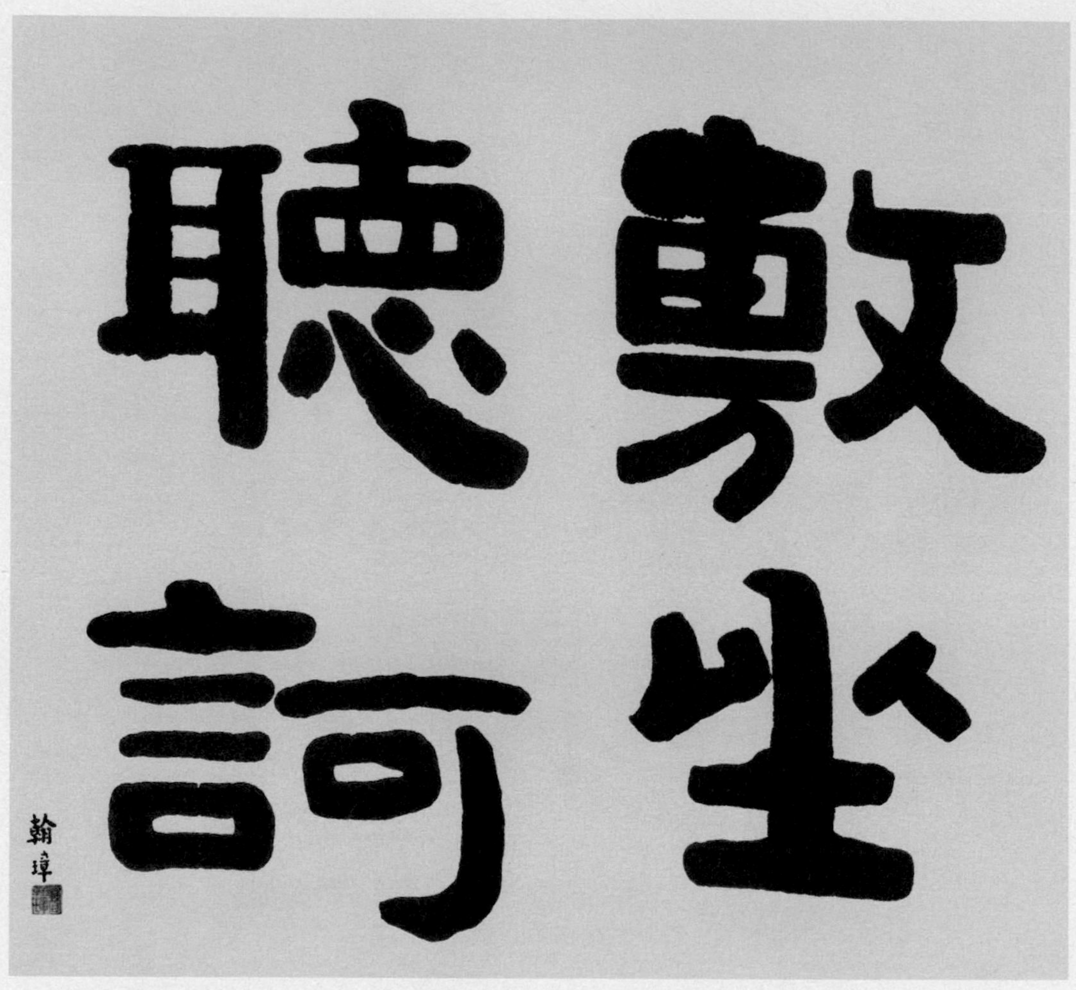

敷坐聽訶 | 曹翰彰　1998年

善護念
諸菩薩
大中居士

善護念諸菩薩 | 卜大中 1999年

心地無風濤隨在皆青山綠樹，
道天有化育觸處都魚躍鳶飛。｜劉壽山 1997年

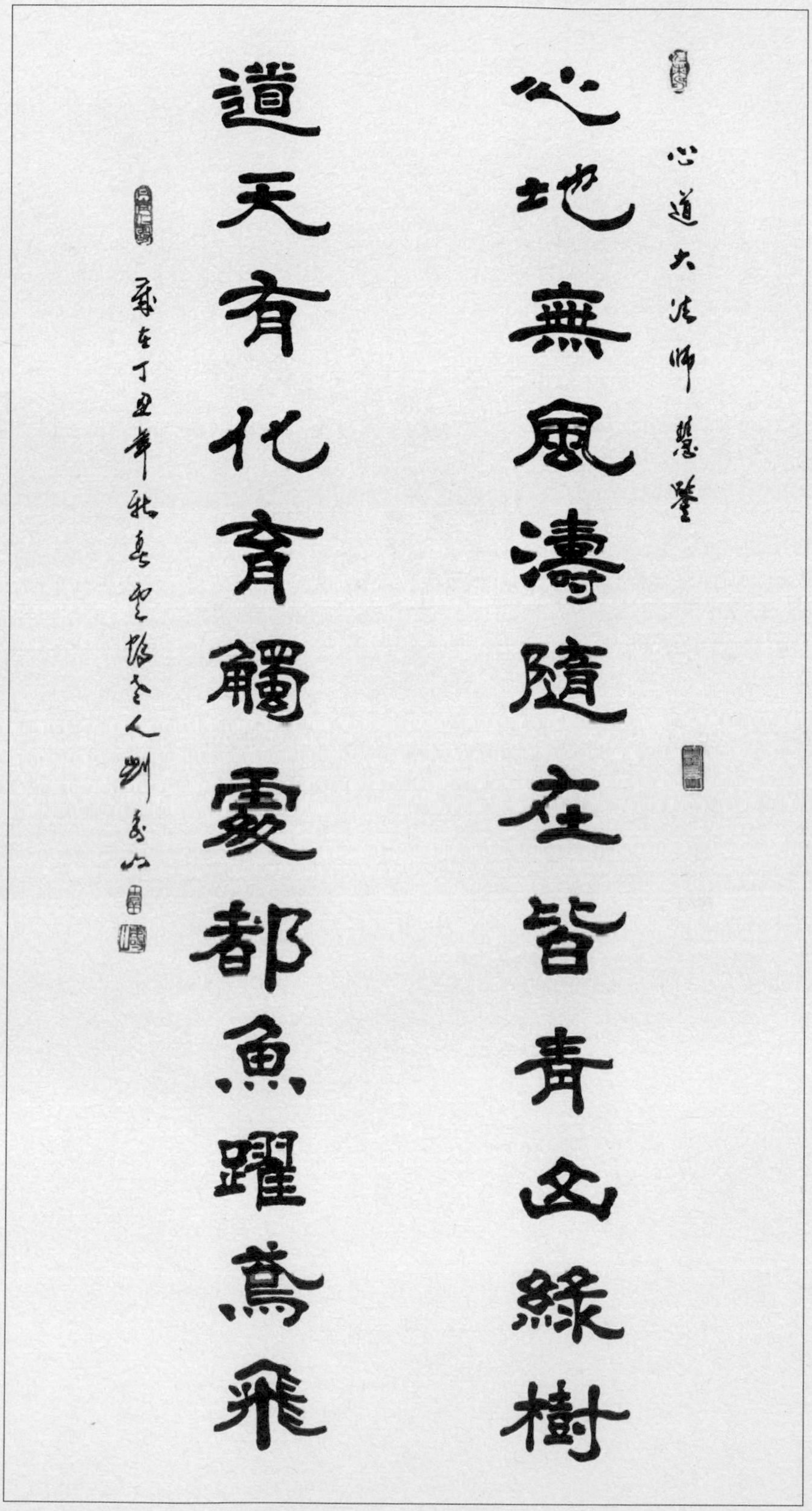

心道大法師 慧鑒

心地無風濤隨在皆青山綠樹

道天有化育觸處都魚躍鳶飛

歲在丁丑年秋[illegible]聖旅台人劉秉山

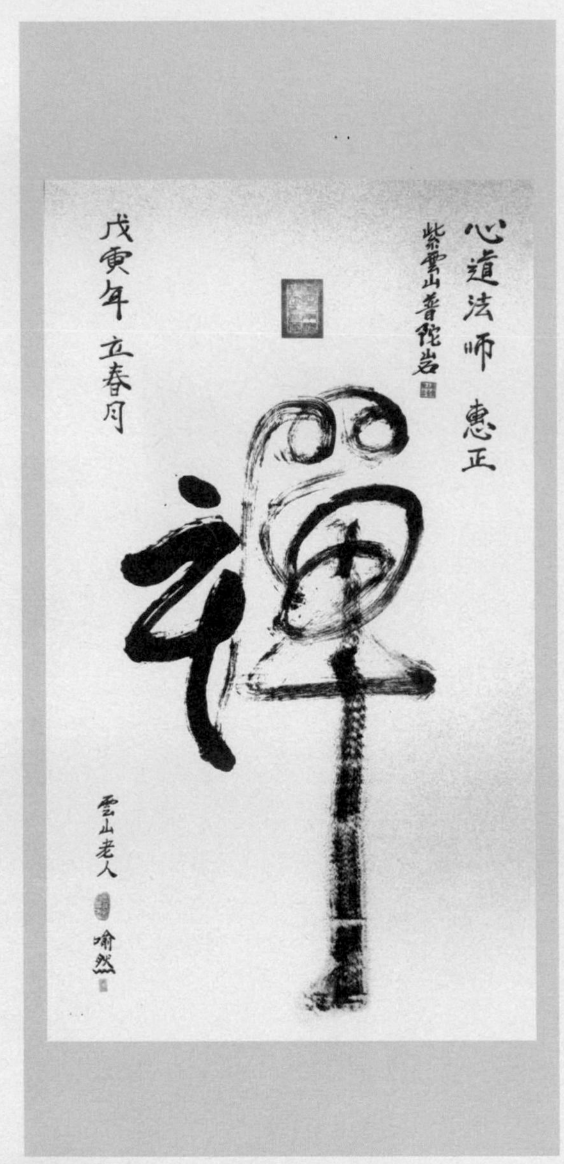

禪 | 雲山老人喻然　1998年

無生 | 張炳煌 1998年

般般真智慧，若若大慈悲。 | 陳慶煌　1997年

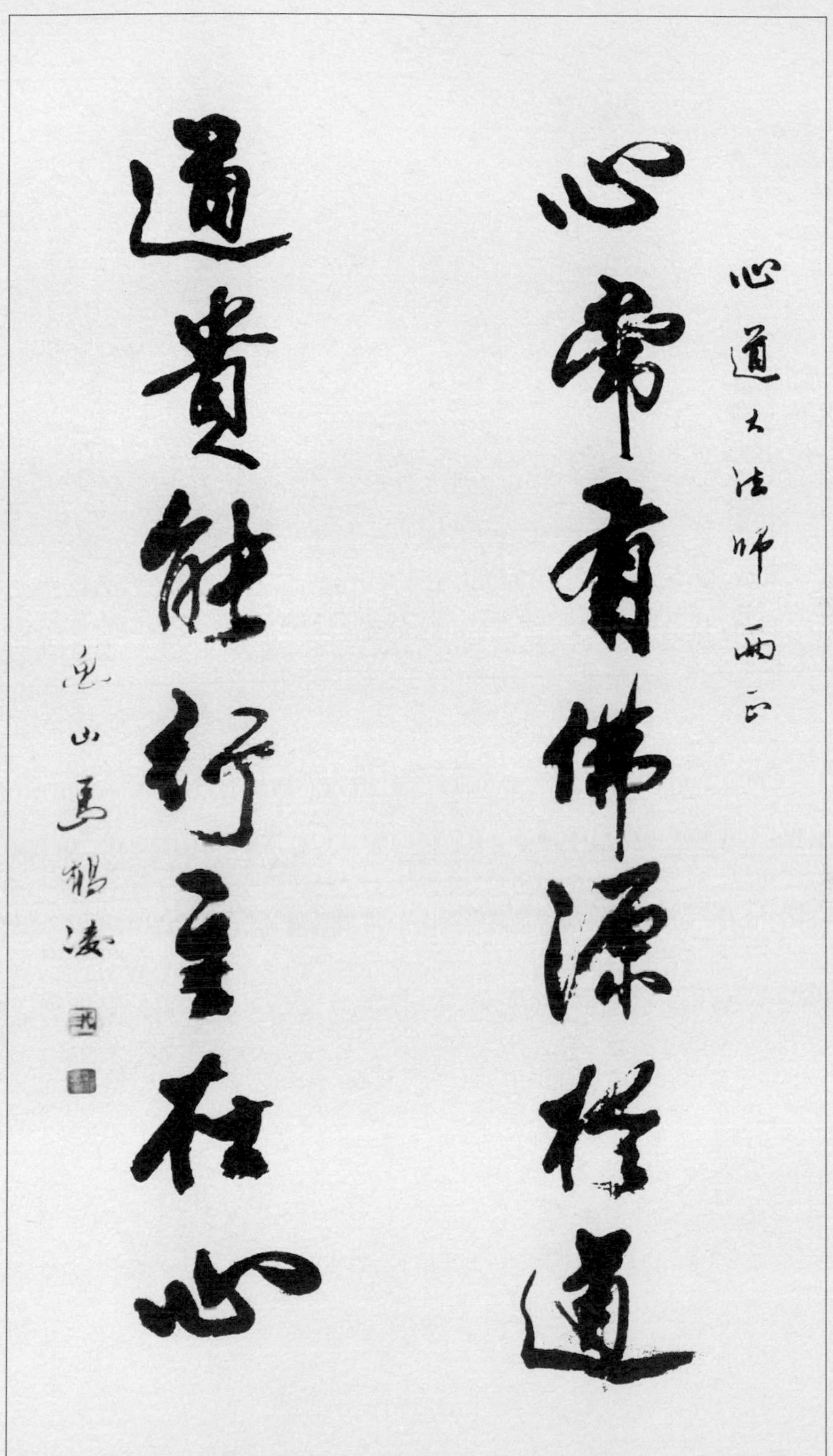

心常有佛源於道，道貴能行至在心。｜馬鶴凌

好風晴日山川麗，明佳青燈笑語深。｜黃癡萍

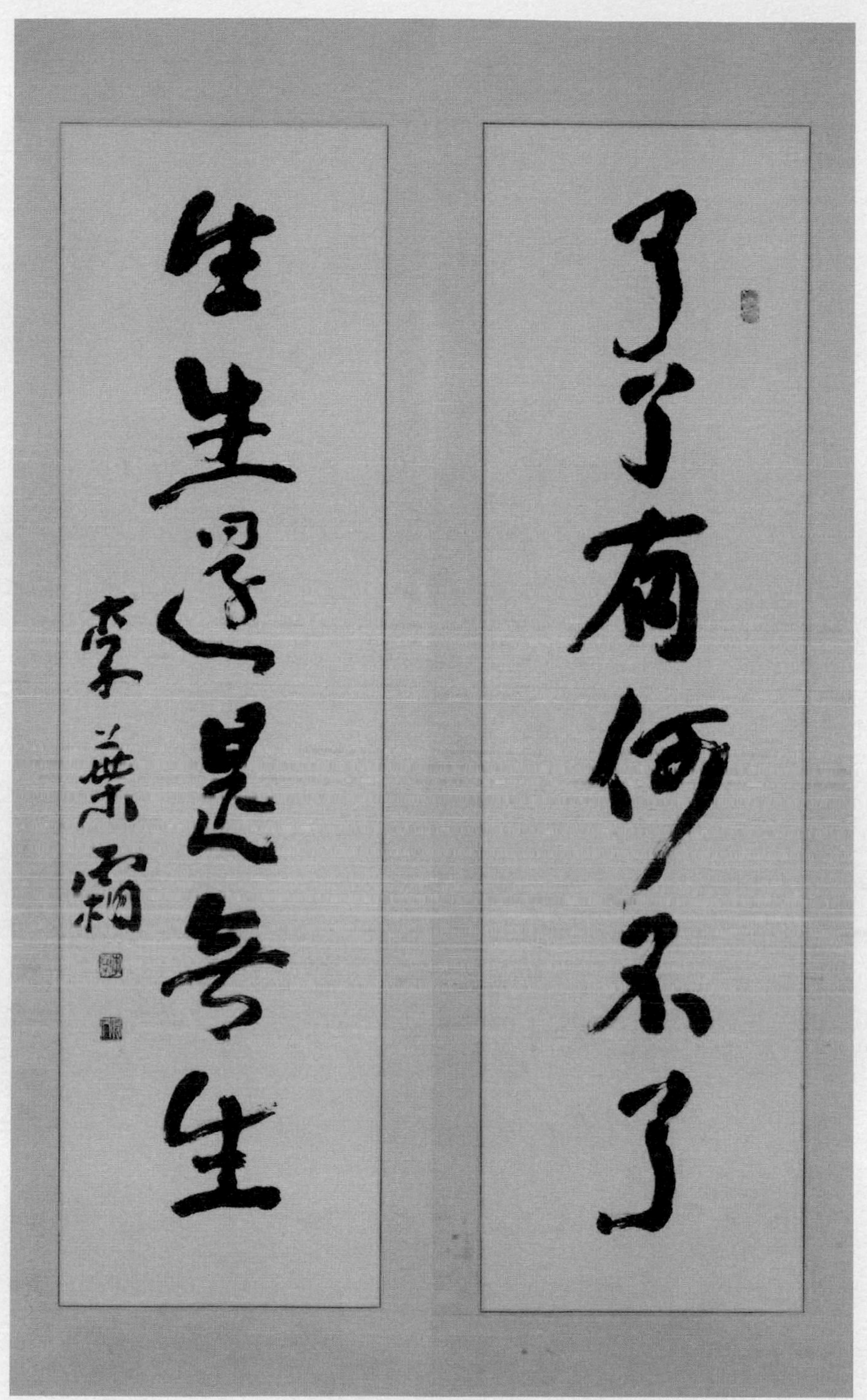

了了有何不了，生生還是無生。｜李葉霜

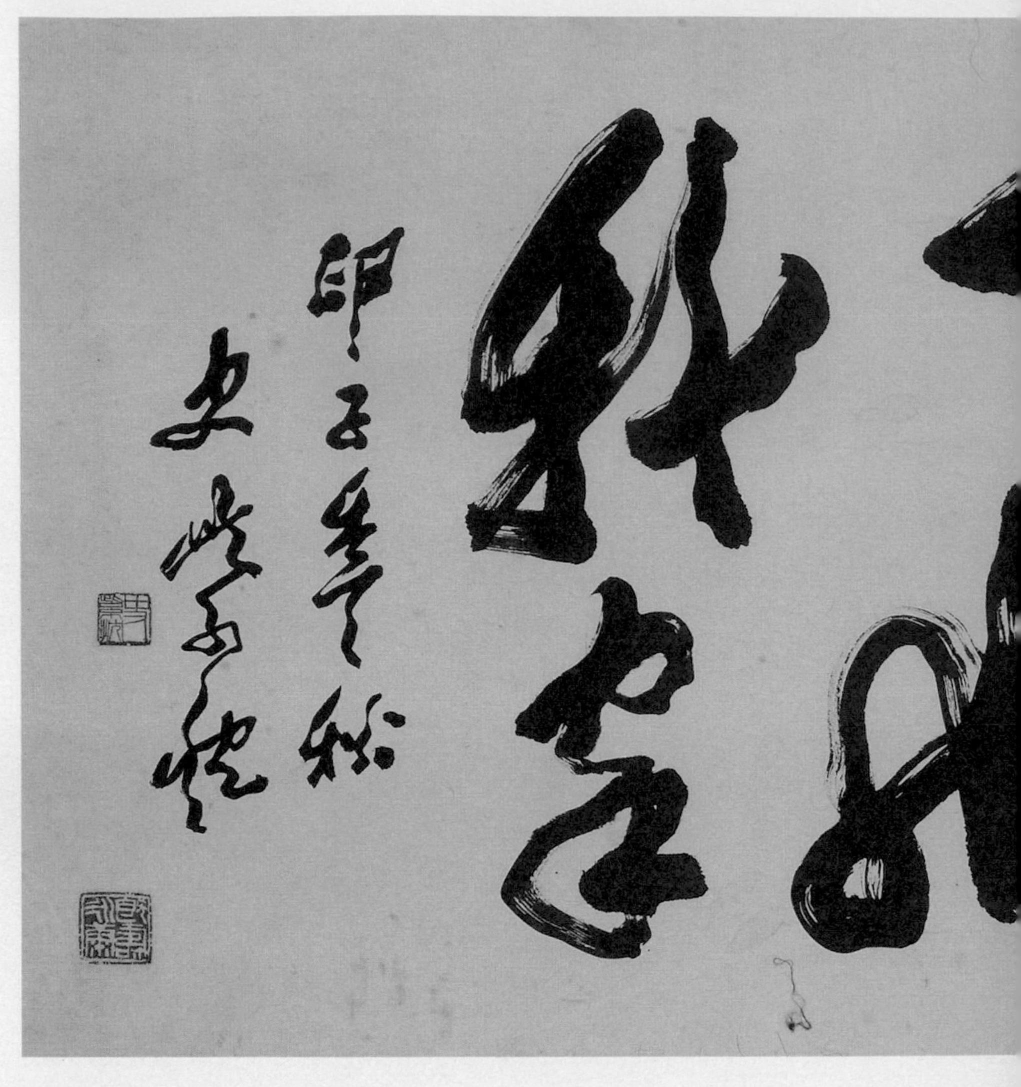

靈鷲聖山飛我家｜史紫忱　1984年

當年為推動籌建宗博，更為了促進當代共識，這場結集了各界愛心與智慧的義賣演唱會，　心道師父幾乎親自到各藝術家府上登門拜訪、結緣普照，也接引成就了當時藝術文化界諸多宗匠大師的學佛皈依因緣。難得見到大師親自來訪，同樣深具真心摯趣的藝術家，筆酣耳暢之餘，一幅極具飛動墨趣與禪機的「靈鷲聖山飛我家」，在大師筆下一氣順勢寫就，當場博得滿堂喝采！迄今這幅墨寶，仍保留著當代禪法與道藝交會的見證與記憶。

願一切眾生皆能斷無盡之煩惱｜曹翰彰 1998年

時雨 / 甘露 | 李義弘 2003年

心靈鷲蟄｜王仁鈞

龢 | 毛煥利 2007年

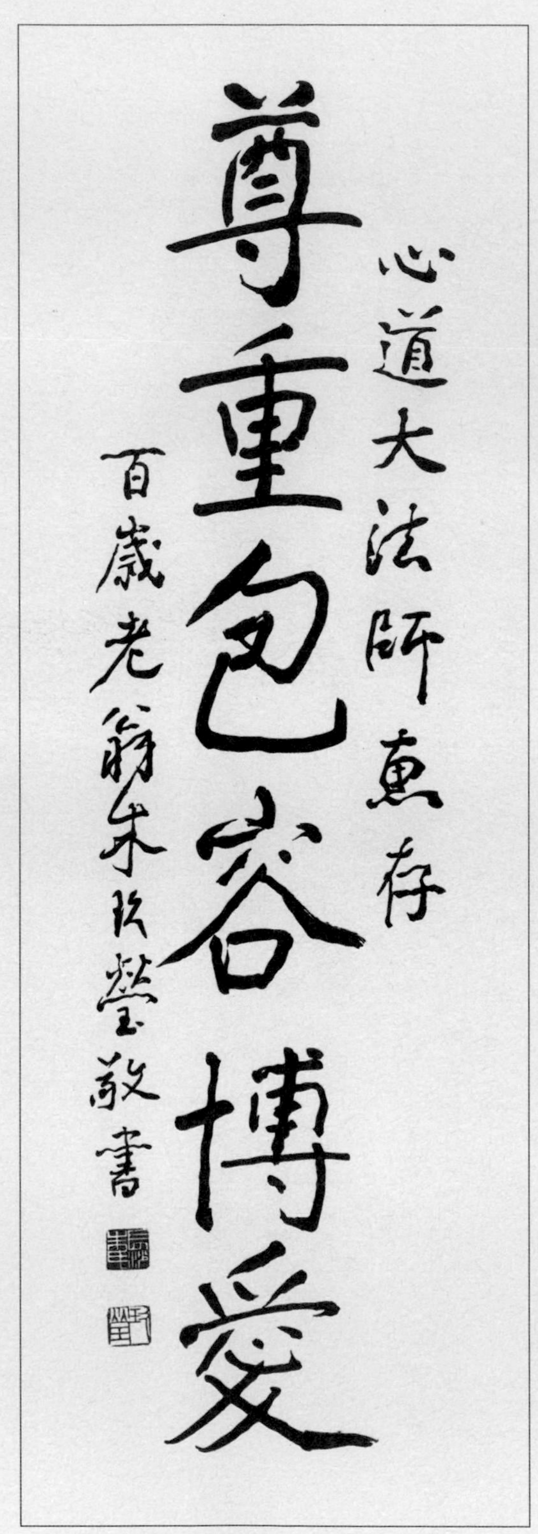

尊重包容博愛 | 朱玖瑩　1998年

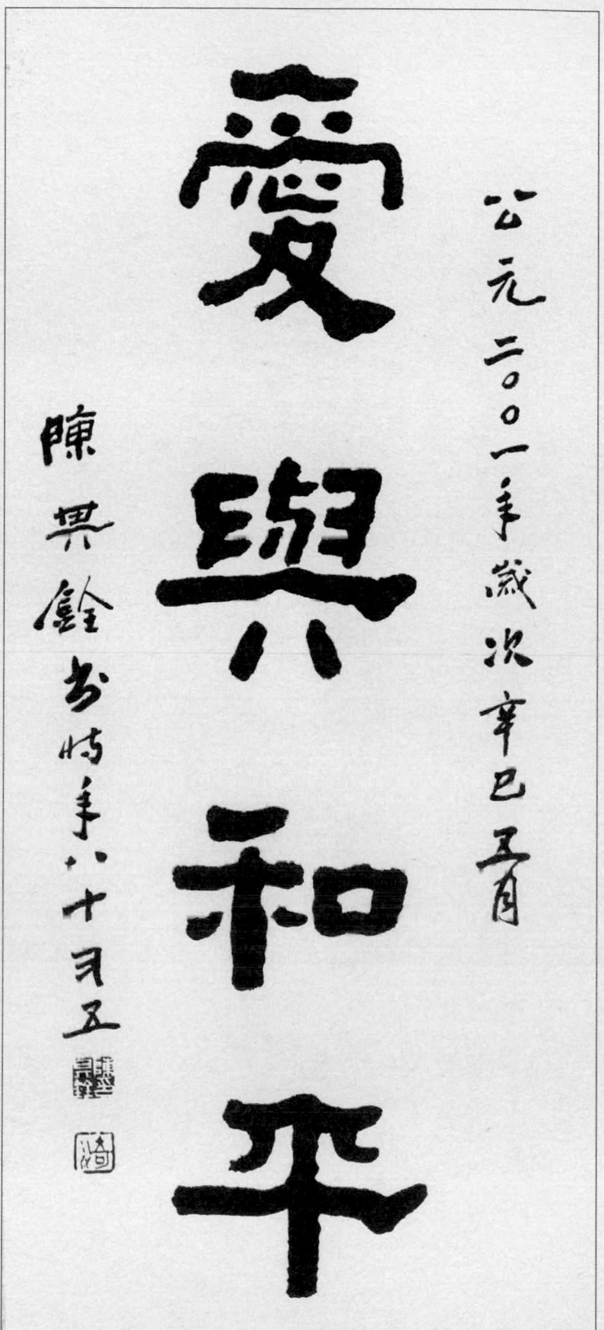

愛與和平 | 陳畀詮　2001年

福壽康寧 ｜ 啟功（曹林娣贈） 2007年

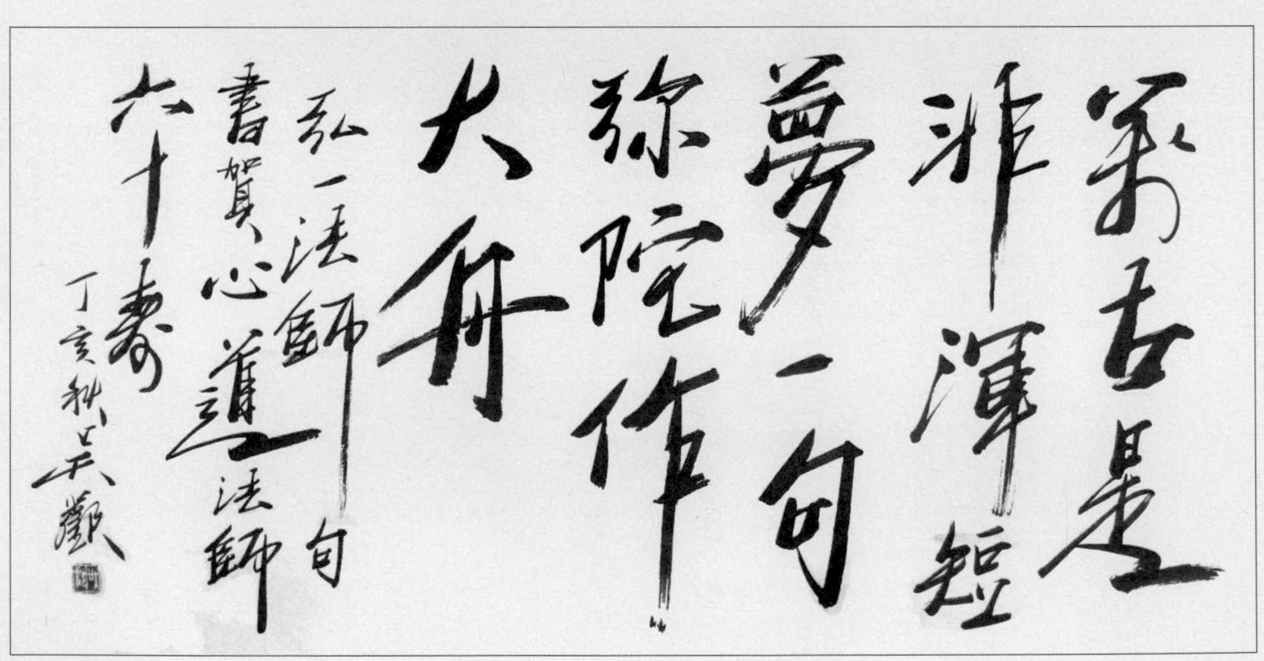

萬古是非渾短夢一句彌陀作大舟 ｜ 吳歡 2007年

尊重　包容　博愛｜張瑞齡　2006年

受贈畫作

——十方工畫照靈山

「譬如工畫師，不能知自心，而由心故畫，諸法性如是。
心如工畫師，能畫諸世間，五蘊悉從生，無法而不造。
如心佛亦爾，如佛眾生然，應知佛與心，體性皆無盡。
若人知心行，普造諸世間，是人則見佛，了佛真實性。
心不住於身，身亦不住心，而能作佛事，自在未曾有。
若人欲了知，三世一切佛，應觀法界性，一切唯心造。」

——《大方廣佛華嚴經》覺林菩薩偈

眾生即佛 | 殊眼禪師 1996年

靈鷲十方萬里春｜

殊眼禪師、心道法師、楚戈三人聯手作畫 1996年

1996年韓國殊眼禪師抵台，由藝術家楚戈接引來山，與　心道師父歡喜晤談。殊眼禪師以「印度靈鷲山」與「台灣靈鷲山」孰真，與心道師父應機留下一當代禪門公案；深諳禪機與藝術的當代三位大師（兩僧一居士）言談對機，乘興之餘，遂聯手舞墨，在靈鷲山留下這一幅別具意趣的禪畫。

靈鷲十

文殊童子、普賢童子 | 殊眼禪師 1996年

平常心是道 | 殊眼禪師　1996年

靈鷲山慈光春 | 殊眼禪師 1996年

慈光 | 殊眼禪師 1996年

千禧玉山｜郭承豐　1999年12月24日

2000年在宗博館籌建推廣後期的重要時刻，有感於　心道師父觀瞻願景的難為能為，本極俠義、博愛的郭承豐夫婦，以其創辦極具特色的「新觀念雜誌」，數度特別專輯著文向華人世界鼎力推介　心道師父的修行歷程、精神特質以及宗博館的當代意義，也與　心道師父在佛心道藝、時潮感懷上，成為相互推腋慰勉的珍貴摯友。這幅畫以靈鷲山禪堂草寮(今聞喜堂)的緬甸玉佛為主體，坐鎮台灣最高峰玉山底下，此畫亦引發同樣飽涵著世界人文關懷的留美藝術家陳錦芳的深刻共鳴，為讚和郭氏推動「玉山運動」的意義精神，逾百幅由此畫衍發出的油畫，在陳錦芳「玉山系列即變奏」的油畫創作，遂一股作氣推演而出。

'99.12.24

師父法照 | 曾錫龍

師父關房—法華洞 | 周舟　2005年

靈鷲山大殿 | 梁雲坡　1997年

夏午墨荷 | 賴甫 1998年

世夢（弘一大師詩）｜楚戈 1996年

1992年，弘一大師百歲冥誕，靈鷲山當時正為籌建「世界宗教博物館」，與國內各宗教及文化、藝術、學術界多方請益交流的時候。由於諸多文化教育界人士的悉心護持與共識創意，靈鷲山佛教教團首度得以「世界宗教博物館籌建基金會」籌劃此活動，杜十三、楚戈、陳芳蘭、戴金泉、楊柏林、姚明麗等眾多文化藝術界人士都熱忱參與此活動，弘一大師「但願眾生得離苦，不為自己求安樂。」的墨寶拓本，由杜十三從泉州開元寺特地請回，懸於國家音樂廳會場背幕，這正是新世紀前「一代僧寶」為我們樹立的最重要教化。

世夢

卻來觀世間
猶如夢中事
人生自少而壯至壯而
老 俄入胞胎
又入又出無窮已
生不知來死不知去
蒙蒙然冥冥然
千生萬劫不自知
非真夢歟
枕上片時春夢中
行盡江南數千里
今貪名利 梯山航海
豈必枕上爾
莊生夢

靈鷲山夕照 | 蔡克信 2000年

超ㄅㄧㄤˋ的心道法師｜榕珊、榕芯　2000年
皈依小佛子供養師父的彩筆畫作

祈禱願文篇

師父祈願文

——直至菩提永皈依

「心懷觀音菩薩的慈悲，腳踏地藏菩薩的願力，頂戴釋迦佛的使命！」　心道師父以觀音菩薩大悲心為本願，釋迦如來精進苦行為行持，地藏菩薩不離苦而度苦起行 — 恆時憶持起行。以下祈願文，即是　心道師父由憶持累世上師三寶恩澤與自身奉行，更哀愍垂憐周身眾生無告的輪迴慟楚，故為修行度苦發願功德迴向，所撰的祈願文。由此，弟子更觀上師功德悲願，下效恆時如是隨學行願，無悔無退。

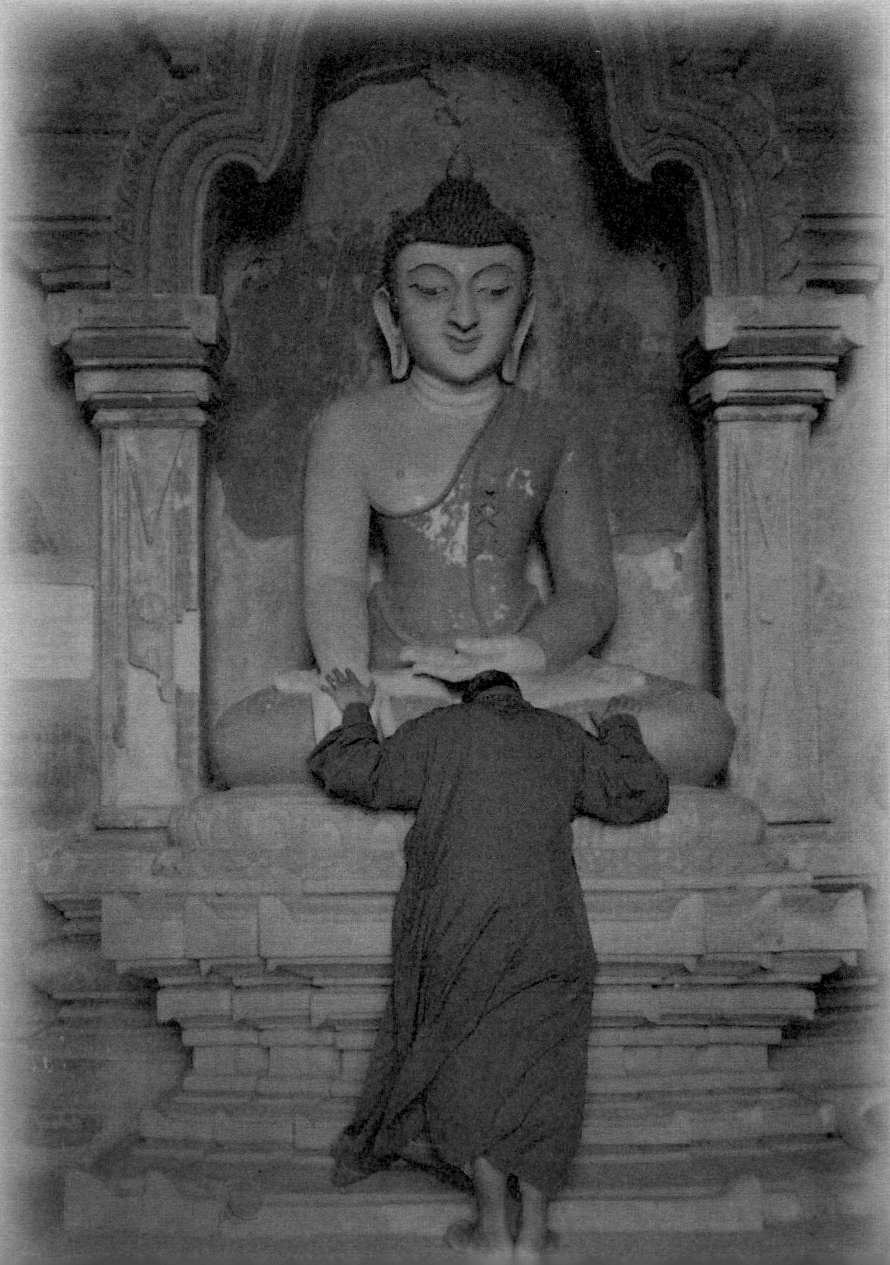

觀音祈請文

祈請普陀洛迦山琉璃世界
大悲上師觀世音　常住我頂　恆住我心
隨尊誓願悲心成就我成就
成就大悲事業　三身我祈請
一切眷屬徒眾菩提道心
悲心願力　事業恆不退
祈請大悲上師觀世音均攝受不捨離
無死虹身賜成就　利他事業無礙賜吉祥
遠離五毒紛爭惡業　賜祥和清淨

■ 緣起

宜蘭龍潭寂光寺時期（約1980年），皈依求法者漸增，初具度眾因緣；為祈佛道行持能究竟饒益弟子，　心道師父向「諸佛體性大悲心的總持」——觀世音菩薩虔誠皈依，親作此祈請文。

靈鷲山皈依文

皈依佛　皈依法　皈依僧
皈依自性佛　皈依自性法　皈依自性僧
皈依法身佛　皈依報身佛　皈依化身佛
往昔所造諸惡業　今對佛前皆懺悔
願眾生離苦成正覺
嗡　牟尼牟尼　嘛哈牟尼耶　梭哈

「學習佛法是分成三個步驟：
第一學習不死的生命——法身佛，就是找到永恆的靈性；
第二學習無礙的智慧——報身佛，就是從般若開始做起；
第三學習無量的慈悲——化身佛，周遍法界的慈悲，
只要具足這三個就叫做佛。」

——心道法師

■緣起
出於衷心虔敬，　心道師父少年時對自性三寶、法報化身三寶隱然已具信念；1984年靈鷲山開山迄今，為接眾深植佛種、學佛離苦，心道師父總是隨順因緣、不計多寡，歡喜接引眾生皈依佛道本源。（註：皈依文末為釋迦牟尼佛心咒）

佛子的道路

我是佛弟子
敬愛三寶　護持三寶

讓佛法的生命　長流不息
承先啟後　興隆佛教
讓佛法的芬芳　散佈人間
追求真實的覺性
在空性的搖籃裡　成就菩提
不去迷信任何現象的幻覺
讓我的心　清閑　安定
不去製造煩惱　常觀照自性
肯定自己　不依賴任何的神祇
以慈悲的心不去傷害一切眾生為戒
以覺悟一切眾生入佛知見為行持
以釋迦牟尼佛的教育導入正覺

「學佛就是探討生命的真理：生從何來？死從何去？所以面對一切法，正念的基礎就是般若，我們就是從人事法裡面學慈悲（僧），從通達的法裡面學般若（法），從無死的空性找到安身立命的所在（佛）。」

——心道法師

■ 緣起

1994年　心道法師率團赴美弘法，靈鷲山首度有中英對照的皈依證，為開導初機者學習佛道，　師父親撰此文，指引皈依學佛的真諦與行持心要。

和平祈願文

——心光互映珠玉網

以和平為己任，歷經數十年禪修，由澈見未來世界的問題，　心道師父走出山洞後，迅即投入國際，為推動世界和平、宗教和諧而努力。走進人群，走到任何地方，都為宣揚：「宗教是生命共同的大愛；發現心靈和諧的力量，正是宗教帶給世人最重要的禮物。」和平祈願文，即是　心道師父以最深的虔誠、淺顯的文句，近年來在世界各國際宗教會議，為喚請大眾正視心靈和諧的重要，發現您我心底對「愛與和平地球家」願景契求的本有共鳴所作的努力。而整個靈鷲山佛教教團在　心道法師帶領下，以「世界宗教博物館」、「華嚴聖山」為共同平台，祈願帶領世人發現佛法華嚴世界一多相容無礙、圓滿和諧共存的淨土願景，靈鷲山廿五年來默默奉獻的努力，也同時影現其中。

千禧年「愛、和平」祈禱文

◎心道師父

萬物並非無言　最響亮的　原是寂靜
天地玄黃　永恆乃是當下剎那　讓我們一起合掌同心祝禱：

為了揭開這宇宙的面紗　明白生命的真相
讓我們聚在一起——學習用心傾聽　彼此扶持
主動轉化衝突　尊重每一個信仰
因為愛是我們共同的真理

願所有迷惑矛盾的生靈　都能蒙受宗教信仰的潤澤　歡欣喜樂
為了消融這世界冷酷的紛爭　免除戰爭的威脅
讓我們聚集在一起——
學習以真誠語言　交流溝通　主動寬恕和解　包容每一個族群
因為和平是我們永恆的渴望
願所有痛苦無依的生民　經由全球人類的努力　不再恐懼

為了袪除這社會貧富的懸殊　終止生態的破壞
讓我們聚在一起——學習以具體行動
善待一切　主動消弭貧窮　博愛每一個生命
因為地球是我們永續生存的基礎
願所有枯竭軟弱的生命　都能遠離愚昧無知的煩惱　重建信心

世界相依　生命平等　心光互映　交織成宇宙重重無盡的珠網
改變朝代的是政治　改變生活的是心靈　身處千禧年的轉捩點
讓我們聚在一起——凝視問題的癥結
每個人都有責任　以現有的生命能量
在下一代心中　點燃「愛與和平」的光亮
願愛的種子遍灑天下　回應新世紀的挑戰

千禧年聯合國世界宗教和平高峰會祈禱辭

我是一個普通的佛教僧人，
度過所有人們共同面對的生存課題，
在緬甸落後的村莊中，看到無常的人生，
在戰火不斷的時代裡，看到國家的脆弱，
從出家的孤獨苦行中，認識到生命最深處的原點，
從貧困饑餓的修行中，追尋到心靈無限的空間，
從孤獨到融入群眾，體認整體生命共同渴求的圓滿，
從出家再入世，
從臺灣到世界各地，
從佛教徒到不同宗教人士的交流，
至今，我不曾懷疑的一件事：
世界唯有一個共同的目標——和平
心靈只有一種共同的語言——愛
沒有真、善、美的世界，將令人一籌莫展。
為了轉動僵化的輪迴，化解苦惱的關係，
我們都需要學習——

尊重每一個信仰
包容每一個族群
博愛每一個生命

以愛為核心的世界和平，才是飛越歷史長虹的白鴿。

靈鷲山無生道場開山和尚暨世界宗教博物館創辦人
釋心道於2000年8月

紀念九一一和平祈禱文

願恐懼不安的靈　撫平安住　依止真理　回歸光明
願受傷的家庭　具足重生的勇氣　迎接希望的未來
願歷史的悲劇　不再重蹈覆轍　生命智慧生生不息
願仇恨的種子　在因果流轉中　以和平轉化 以愛覺醒

生命的長流來自同一源頭
真理的花果來自同一源頭
人類各民族來自同一源頭
太初與末世都是同一源頭

讓我們為九一一罹難及受傷的生靈　誠心祝禱
一切回歸起點與源頭

靈鷲山無生道場開山和尚暨世界宗教博物館創辦人
釋心道於2002年3月11日

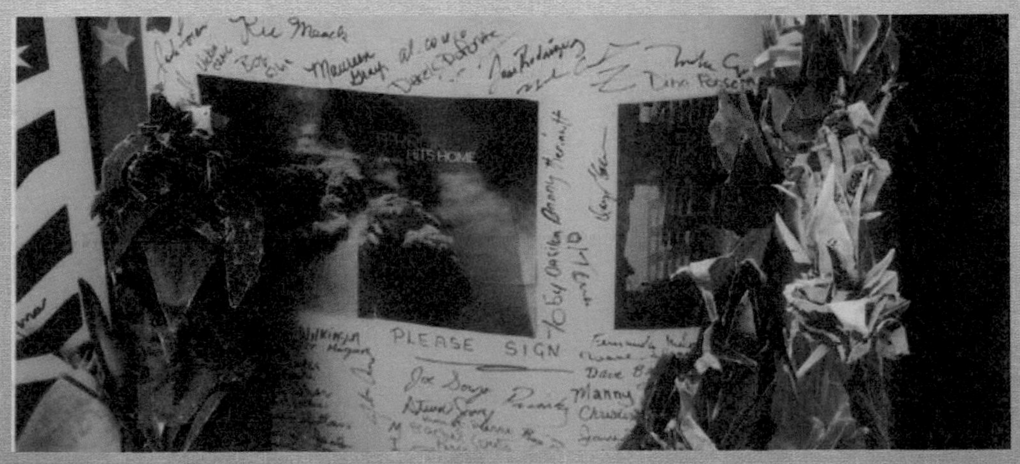

世界宗教領袖和平高峰會議祈禱文

◎心道師父

今天我們在這個重要的場合相聚，
各自帶著我們的文化與信仰，
讓地球村的兄弟姊妹進一步互相認識，
同心協力為人類更美好的明日而努力。

在為共同的理想祝禱之前，
我也想提醒兄弟姊妹們！
我們在這兒，
不僅是在台上讓大家更瞭解我們的信仰，
彼此更需要在這幾天充分交流，
打破陌生的高牆，突破語言、國界、文化的障礙，
交談、擁抱、交換資料，
讓我們代表各自的信徒，
拆掉彼此之間的藩籬，
踏出永恆和諧的第一步，
以下是我的祈禱：

為了完成對生命意義的明白以及對生命價值的奉獻，
我發現宗教是人類心靈的源流，
心意識的無常以及生命的無常乃是世人共通的歷程。
為了認清世間的真相，我們的心靈空間必須成長。
我對真理的瞭解是無法用言語來敘說的，
只有用愛及真誠的行動來實踐真理，趨向永恆。

我願以至上的心，
祈求全世界為這份愛與和平的至高理想而獻身的人們，
勇於堅持並團結一致。

我願祈求全世界無依無靠、稚幼可憫的孤兒，
都能得到社會溫暖的照顧與國家的栽培。

我願祈求戰爭的不義，
在全球具足人性的人權機構努力下和平化解，
人們得以免除殺戮的恐懼。

我願祈求因為貪婪愚昧而過度傷害大地的一切作為，
能夠終止，
不再威脅地球的生機，
創造人們共同的地球家，
擁有美好的人文生態世界。

我願以智慧的梵音，成就人們心中所有的希望。

2000聯合國世界和平高峰會議「轉化衝突」專題演說暨祈禱文

◎心道師父

我親愛的兄弟姊妹們，本人身感榮幸，能夠與諸位相聚於千禧年的「世界和平高峰會議」，並就「衝突轉變」這一主題來作演說。身為一個佛教僧侶，內心與外在和平的獲得，是吾人所有修行之根本，而我個人之所以致力於和平，乃緣起於早年的人生境遇。

幼年時期的經歷，引導我走上獻身於將人類團聚一起的目標。我個人相信，唯有當我們學會了去建立一個以和諧共存為基礎，同時獲得尊重也了解不同傳統的文化時，方能實現將人類團結一起的目標。

我出生於緬甸，雙親都是來自中國雲南邊境的華人，戰爭爆發之際，我與家人失散，完全斷了聯繫，當時我年僅四歲，幼年時期，我即已獨立生活。我親身經歷這種悲慘的痛苦，也經驗戰爭帶來的屈辱，後來，我立誓奉獻於療癒痛苦的志業。

引發戰爭的原因有許多，有些戰爭根源於經濟與政治因素，爭執之關鍵，是因為相異又不能相容，不同的族群、宗教與民族，無法友好共享生活在一起。在過去，族群團體想要離群索居，同時能完整保留自身的傳統，比起現在要容易多了。但是，這種情況越來越難在今日的現實中落實。我們都彼此相互關聯，同時，彼此之間的聯繫日益緊密；這個時代，寬容與尊重的需求程度，達到空前強烈的地步。現代戰爭的現實情勢，使得更多的權力集中在那些有辦法獲得高度摧毀能力的武器者手中。為了對抗這些危難，我們必須著手創辦一個全球性、教育性的運動，以「所有人皆為我摯親」的理念作基礎，建立一個寬容與尊重兼具的文化。

這份認知，就是引導我創立即將於明年春天在臺北開幕的「世界宗教博物館」的動力與領悟。有些人害怕一旦去接觸或是了解其它宗教的傳統，就可能威脅到自身信奉的宗教傳統，這種想法其實一點事實根據都沒有。增進對其他宗教的了解，將會加強對自身信仰的欣賞、珍惜之情，讓世人都能理解不同宗教間的相異之處，同時也能珍惜共同的精神渴望，各宗教對意義、目的與啟發的追尋，有各種不同的表達方式；而每一種方式，都有他獨特觀點，蘊藏於每一種傳統中的美麗與靈性，都應被認可，增進對不同信仰了解之人，他的生活因此更加充實、豐富。就如同「世界和平高峰會議」，特別強調來自於不同宗教派系的領導人，應跨足參與促使各宗教之間互動的需求，幫助我們的信徒，對各種宗教更熟識的那份需求。在這個日漸成形的「世界社區」之中，促使人們擴展與本身信仰背景相異的人，當我們開始去了解人類根本是一體的，因此無需削減那些使我們感到充實的相異之處。

「世界宗教博物館」創造人類精神上追求的相同因素，慶祝彼此相異之處、共同慶祝各個信仰傳統來表達生命旅程——由出生、步向成長、婚姻、到成年、老年、死亡到超越生命的經驗。它涵括廣泛又富教育性適合年輕人，透過會議與電腦網路，連結來自不同宗教背景的年輕人的經驗。我們的目標就是：要把寬容、和平與博愛這個重要的基本訊息，傳達給全球的人們。

祈願和平降臨全世界及人類

世界人類が平和でありますように

我的夢想是：幫助年幼的佛教徒，去體驗那些在猶太教、基督教、伊斯蘭教、印度教與其他偉大宗教傳統中的美麗與靈性；同時，也協助那些屬於不同宗教的年輕信徒們，來探索與欣賞佛教獨特的一面，以促進世界和平，就像「地球家」，我們都是它的成員。

博物館裡的「世界宗教大廳」，將會展出各宗教傳統與藝術，展現人類如何透過藝術，來表達對神靈的景仰，及心靈溝通上的媒介。在此邀請諸位，與我一同參與明年春天將在臺北舉行的博物館開幕典禮，也參與人類精神心靈上追求的「全球宗教大連結」的慶典。

現在是全體人類共同積極、真誠地展開行動促進和平的時候了！千禧年的「世界和平高峰會議」，乃是一個轉換衝突的好契機，我祈求我們今日在此的努力，會在日後帶動出許多具體的活動；藉由共同的參與，我們才能有更好的機會為全體人類帶來幸福。

只有用愛及真誠的行動來實踐真理，趨向永恆！

我以至上的心祈求——
全世界為這份「愛與和平」的至高理想而獻身的人們，
勇於堅持並團結一致；

我願祈求 全世界無依無靠、稚幼可憫的孤兒，
都能得到社會溫暖的照顧和國家的栽培；

我願祈求 戰爭的不義，
在全球具有人性的人權機構努力之下，和平化解，
人們得以免於殺戮的恐懼；

我願祈求 因為貪婪愚昧，
而過度傷害大地的一切作為能夠終止，
不再威脅地球的生機；
創造人們共同的地球家，擁有美好的人文生態世界。

我願以 智慧的梵音，成就人們心中所有的希望！

祈願和平降臨全世界及人類
世界人類が平和でありますように

2002世界宗教暨精神領袖理事會

——聆聽愛與和平的心聲祈禱文

聽哪！
你聽見了嗎？
它不是一滴水
它不是一條河
它不只是一片海洋
它是我們宇宙的地球家

它不僅是您的眼淚
它也是我的血液
它不只是一條生命
它是生命傳承裡的希望長河

因為用耳聆聽
發現您的口中　宣流的　是我的心聲
因為用眼睛聆聽
照見您肅穆的神情中　沈澱探索著我們共同的問題
因為用心聆聽
發現您我面對真理　這份共同的　堅持與執著
因為聆聽
我們與真理相應　融合為一
宇宙時空裡　心靈的長河
匯流成海　果真無所不在！

它不斷　流過中國
流向印度　流過非洲
流進歐美與印地安……

我們原來　走在同一條路上
不同的名稱、不同的語言
卻是永恆的　親兄弟！

如同地、水、火、風
組成了大地
我們生活在　唯一的地球家
共同使用日與月、白天與夜晚
彼此相依相存

各位　您奉獻時間與心力
在世界各地　不斷彼此相聚
只求為下一代　建立一個　和諧的天堂

在這台上　所發出的聲音
越來越一致
共識已然形成
而且必須持續

在這裡　我誠摯邀請大家
共振　共鳴　實際行動
重建阿富汗　巴米揚大佛
也就是　重建人類與宗教
共同的友誼與信心
地球家　永恆的和平！

世界宗教博物館創辦人　釋心道
2002年6月14日　於泰國曼谷聯合國亞洲總部

2005靈鷲山萬人禪修和平祈願文

◎靈鷲山佛教教團

平凡寧靜中
一切珍貴不易

宇宙中一切真理、聖靈與生命
此刻，祈願您我以聆聽
垂鑑心靈深處的感恩與承諾：

感恩　生命之母——地球
以無私平等　承載萬物
付出一切　讓生命存續
地球母親　感恩您

感恩　古今萬有　犧牲奉獻的生命
讓廿一世紀子民　得以由全球化視野　生命整存觀點
確認戰爭的偏失、和平的可貴
釐清地球家「愛與和平」的永續出路
一切生命　感恩您

感恩宇宙　護持真理的聖者聖靈
以無盡慈愛　深廣智慧　引導子民
由靈性的核心源頭　昇華生命的意義
發現生命共同的歸宿
真理聖靈　感恩您

感恩身旁每一位您的參與
讓我們見證共享這寧靜與快樂
地球家的手足　感恩您

如同地球之母　以源源的生命能量　供給一切
心光煥發　自然輝映覺海無盡
以這份「愛與和平」的感恩與共鳴
讓您我共同以行動　守護心靈　保護生靈　愛護地球

祈願　珍惜物種　讓地震海嘯等天災止息
祈願　善待生靈　讓仇恨戰爭等人禍止息
祈願　坦然承擔　讓自他安定　痛苦煩惱止息
祈願　無盡祝福感恩　常住心頭　永無止息

2005年4月23日

上師長壽頌

——願師長住護眾生

「上師是學佛的根源，上師是諸佛的總集、一切加持成就的源頭。如果沒有上師，我們難以明瞭佛法的真義；依著上師的指引，我們才有機會看見生活中真實的佛法；依循上師的指引，我們才有機會找回本有自己。」人身難得，佛法難聞，善知識難求。　心道師父是我們今生難得值遇的慈恩上師，靈鷲山每年逢　心道師父生日，四眾弟子都會遠從各地回來齊聚一堂，共同為感念上師三寶累劫以來，對眾生您我不離不棄的慈心悲願，與菩薩道上對上師三寶的珍惜與行願奉持，都在此難值的善法、眷屬、國土因緣，重新得以獲得澄清、洗滌與提昇——而這一切源自上師！是以佛子虔心祈請！由憶念上師，重拾初心，發願起行，直至菩提，同心本願，普共提攜。

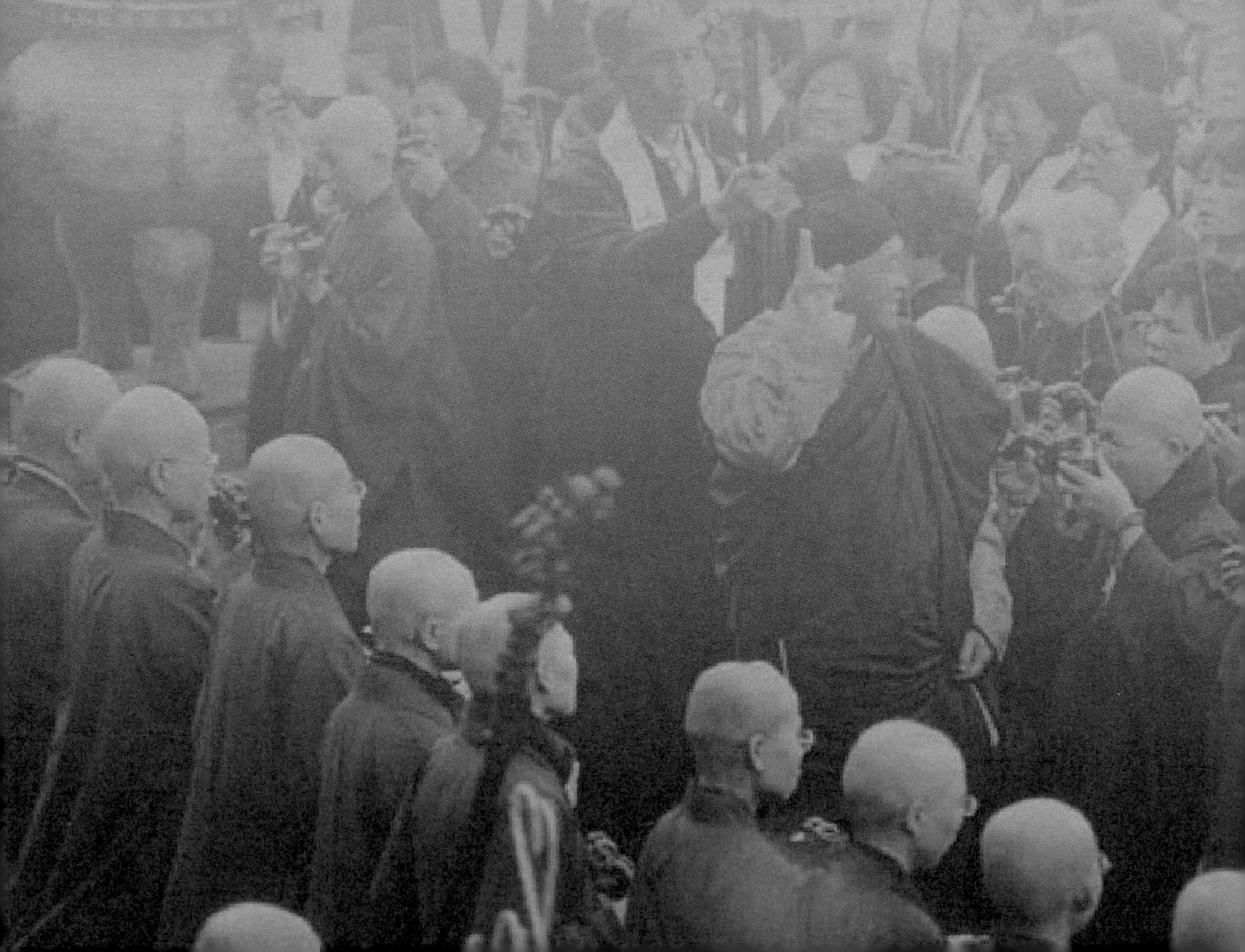

靈鷲山1998年上師敬壽文

【維那白文】

如眾周知　吾等導師　上心下道大師
幼失依祜　輾轉飄零　先示輪迴苦相
及至祝髮　皈依於佛　再顯出家之行
發大悲志　潛心靜慮　上應如來本懷
尸林常住　荒山獨坐　一如太子苦行
所修成滿　迴向法界　始肇無生道場
首創宗博　宏興三乘　振錫靈鷲山頂
我等當一稟師意　眾志和合　一心一德
同圓師志大願　適逢師壽　僧伽和合　同祈恩師
久住世間　轉大法輪　擊大法鼓　化度群生　空盡輪迴

【上師長壽誦】

願師吉祥壽無量，大悲度眾佛行廣，
我與如母諸有情，直至菩提永皈依。
願離惡業行善法，和合無諍阿蘭若，
煩惱清淨盡無餘，無生無滅無涅槃。
願師聖教法輪轉，三乘無別廣大幢，
上供下施利眾生，般若甘露遍三千。
願承師教精進行，化導一切有情眾，
我與諸法眷屬眾，阿鞞跋致不退轉。
願師事業總集成，宗教共融智慧殿，
諸佛慈護龍天慶，華藏世界剎塵現。

靈鷲山1999年上師敬壽文

【維那白文】

歲次己卯　值師壽辰　五十又二
時維末法　秉師教誨　懺謝思維：
吾等導師　釋迦牟尼　說法住世　八十餘年
導利眾生　化緣既訖　便取滅度
滅度之後　正法住世　逕五百歲
正法滅已　像法住世　逕一千歲
像法滅已　末法住世　逕一萬歲
首楞嚴經　般舟三昧　先滅不現
三藏餘經　先後滅絕　至大惡世
今值末法　眾生多劫　魔患怖畏　競來惱亂　眾苦不息
我等誓願　願代懺罪　痛徹生死　為首楞嚴　持令不滅
求無上道　教化眾生　不計劫數　至成菩提　永不退轉

【大眾頂禮，一願一叩首】

一、我今稽首　誠心懺悔：
　　辜負師恩　盛年放逸　剛強難調　不自覺知
　　今復發願：摧伏二障　上師相應　道學苦行　承師悲願
二、我今稽首　誠心懺悔：
　　邪見修行　不究自心　貪世俗務　名聞利養
　　今復發願：安貧守道　捨諸偽飾　入無依處　善事於佛
三、我今稽首　誠心懺悔：
　　無始以來　貪愛見牽　其愛著者　煩惱迷亂
　　今復發願：永除穢欲　以法自娛　無為涅槃　畢竟第一
四、我今稽首　誠心懺悔：
　　有罪不懺　有過不除　內濁外鬥　濫廁僧倫
　　今復發願：奉六和敬　毗尼日用　精勤戒律　堅固道種

五、我今稽首 誠心懺悔：
　　四魔逼切 波旬狂亂 惱他因緣 壞他善事
　　今復發願：修禪息慮 定慧等持 三業自在 究竟無餘
六、我今稽首 誠心懺悔：
　　於惡世中 謗法闡提 信邪倒見 種種惡報
　　今復發願：持釋迦法 深入經藏 令正法住 成一切智
七、我今稽首 誠心懺悔：
　　三界牢獄 輪迴淵藪 橫屍積骨 無有出期
　　今復發願：一念解脫 眾苦永滅 斷生死流 出愛欲海
八、我今稽首 誠心懺悔：
　　世法如雲 三途八難 無常苦空 生滅敗壞
　　今復發願：廣行六度 自他兼濟 莊嚴萬行 世界吉祥
九、我今稽首 誠心懺悔：
　　執事怠墮 踞上凌下 濫權私欲 自食獅肉
　　今復發願：謙卑自抑 統領大眾 弘興三乘 永續慧命
十、我今稽首 誠心懺悔：
　　淺鄙下根 焦芽敗種 不欲度人 信施難消
　　今復發願：一念善心 宗博宏願 如華開敷 功德莊嚴

【維那白文】

大眾發願已 又藉往昔微善根力 諸佛垂鑑 龍天慈護
至誠禱念 上師悲憫不捨於我 法體康泰 法輪常轉
法化無邊 同圓種智

靈鷲山常住弟子稽首叩禮 己卯年九月九日

靈鷲山2000年上師壽誕祈願文

【維那朗文】

稽首皈依大導師　十方三寶總集智
般若虛空演世界　願力如海妙難量
八萬行中銓要行　謙卑堪忍如大地
救度生死輪迴眾　普皆能仁不思議

千禧年世局多變　人心混濁無以為依
實則國土世界但歸一心之道
教流東土二千五百年　今遍五大洲方興未艾
迷流眾生飢渴於法更甚前際

上師乃大因緣　增長一切善法　化導令得見佛　為成就之依歸
本寺開山以來　法化漸開四眾雲集　茲逢　上師華誕五十又三
恭承　上師觀世機緣慈悲納受教導不倦
成辦任運利生廣大圓滿功德事業

自念我心　從曠劫以來為善知識之所守護
自念我身　從本以來方便親近未曾報恩行
大眾隨我　今當懺悔精進以法為供養　至心永無退轉

【大眾誦文】

一、上師如身命護惜我等無有期 願行大悲慈還以大乘故
二、上師如弓箭射殺我等煩惱賊 願行阿羅漢慈破劫賊故
三、上師如父母養育我等菩提身 願行菩薩慈安眾生故
四、上師如飲食滋養我等長法身 願行饒益慈廣結善緣故
五、上師如橋樑運載我等度苦海 願行布施慈度一切故
六、上師如財寶救濟我等離貧賤 願行持戒慈化毀禁故
七、上師如勇將能破我等五魔軍 願行忍辱慈不虛偽故
八、上師如援繩救拔我等離火坑 願行無厭慈觀空無我故
九、上師如眼目視導我等菩提路 願行菩提慈等一位故
十、上師如腳足荷負我等離生死 願行精進慈荷負眾生故
十一、上師如妙藥療治我等無明病 願行法施慈無遺捨故
十二、上師如利刀割斷我等諸愛取 願行無等慈斷諸愛故
十三、上師如時雨潤澤我等菩提芽 願行自然慈無因得故
十四、上師如鎧杖降服諸魔得無畏 願行禪定慈不受味故
十五、上師如日月照耀我等離黑暗 願行智慧慈無不知時故
十六、上師如明燈能引我等出迷津 願行深心慈無雜行故
十七、上師如標的教示我等趣正覺 願行無隱慈直心清淨故
十八、上師如梯凳侍昇我等登至位 願行安樂慈令得佛樂故
十九、上師如寶衣莊嚴我等功德身 願行方便慈隨緣示現故
二十、上師為世尊令悟一心具萬行 願行佛之慈覺遍眾生故

靈鷲山2001年上師敬壽文

【維那白文】

歲次辛巳 值師壽辰 五十又四 時維末法 爭戰無常 世局難料 人心亟待 安頓依歸 大眾當互審三業 以法為供養 願師常住世間行 恆轉法輪度苦倫 大眾至誠隨我唱誦：

【大眾懺悔發願讚偈】

舞榭歌臺轉眼已成煙 酒陣歡場浮生若夢幻
皈依上師普仁尊聖前 貪愛欲者願起能捨心
天發殺機遍地腥羶氣 漫天劫火生靈傷無盡
濁世飄零三寶可為依 好殺戮者願起大悲心
人生觀來猶如夢中事 千生萬劫懵然不自知
無實輪迴畢竟歸何處 愚癡黠者願起智慧心
歷盡崎嶇坎坷不覺疲 狂妄誤我原來已多年
師心如故不覺共忘機 多驕慢者願起平等心
幻心幻業幻境欺為真 疑師疑法疑自心中藏
誰念四大虛偽五蘊空 有退心者願做不退心
皈依上師三根本至尊 三世諸佛自性所化現
教修正法無餘之根源 僧俗四眾仰止具恩師

【大眾長跪發願白文，一句一拜】

觀音悲願堪能祈加持 宗博開館成功祈加持
教團弘法興隆祈加持 聖山教育推展祈加持
無生法門成佛祈加持 般若見地證悟祈加持
法華種智道成祈加持 華嚴大業圓滿祈加持

靈鷲山2002年上師敬壽文

【維那白文】

壬午之秋，佛光普照，法雨均霑，傳承聖眾，普皆供養，
今逢大恩德吉祥金剛上師 心道大和尚，慈悲應世，
壽誕五十又五，眾弟子等，至誠追隨，頂禮迴向，
祈請慈愍垂鑑，引渡迷津，教化無倦。

【大眾誦文】

弟子某等（自稱法名）
一心頂禮金剛上師 十方三世佛法賢聖僧
祈請加持心趨向於法 祈請加持法趨向於道
祈請加持消彌謬誤道 祈請加持妄相顯智慧

感念上師恩 不為物蔽 不為情牽 遊刃群機 撫安天下
感念上師德 廣修六度 集聚眾善 福資海宇 德業淵深
感念上師慈 浩浩塵劫 混世迷流 以慈為護 以法為洲
感念上師悲 諸有情識 驅情離妄 百千造作 盡底掀翻
感念上師捨 難忍能忍 難捨能捨 忍辱負重 喜得無生
感念上師智 為菩提座 如金剛劍 如優曇華 裂破三界
感念上師願 世出世間 具總持門 九死不悔 塵劫願存
感念上師行 俯仰觀化 不驚不畏 畢其形命 克期取證
感念上師勤 靈山密付 歷劫至今 不辭勞倦 累劫救度
感念上師證 凡聖情盡 迷悟見消 生佛兩忘 大圓覺場

仁者天真 千年古蹤 弘傳三乘 密護諸宗 見證宗教和平共榮
當代一衲 大道乾坤 昌明正法 潛挽世風 復興爛陀傳承永續

靈鷲山2004年上師敬壽文

【維那白文】

伏惟佛曆二五四八年 法水東流中土 歷劫猶與三乘
傳垂臺灣靈鷲山無生道場 開山弘演迄今二十二載
恭逢 上師壽誕五十又七 歲次甲申
尊鑄金佛以迎供佛髮舍利
永留聖山 傳法度迷 此一大事因緣故
弟子眾等 無限感念皈依懺願

【領大眾隨願一拜】

南無咕嚕貝 南無布達呀 南無達瑪呀 南無僧伽呀
人生猶如爪上土 雖全人身暇滿道 混亂正邪顛倒業
誰加持我大悲心 於錯道中求師度 上師如來觀世音

南無咕嚕貝 南無布達呀 南無達瑪呀 南無僧伽呀
窮劫貪欲空輪轉 年弛神耗不厭離 住佛寶地藏五毒
誰加持我大樂心 於輕慢中求師度 上師如來觀世音

南無咕嚕貝 南無布達呀 南無達瑪呀 南無僧伽呀
不知善惡不聞法 已得四灌卻散漫 依法行者若晨星
誰加持我大喜心 從無明中求師度 上師如來觀世音

南無咕嚕貝 南無布達呀 南無達瑪呀 南無僧伽呀
戒律鬆弛三業聚 正行錯謬護己過 寡德自誇有功德
誰加持我大捨心 從障道中求師度 上師如來觀世音

上師佛法僧 我無他求處 祈請悲智光 照我出幽谷
此生善皈依 令脫生死域 成辦菩提道 滿眾生所求

靈鷲山2005年上師敬壽文

【維那白文】

中華民國九四年 佛曆二五四九年 歲次乙酉
靈鷲山無生道場於臺灣省臺北縣貢寮鄉
開山演教歷二十三載 四眾親迎佛陀聖物
二千三百年摩訶正覺菩提樹
本師釋迦如來全身舍利及五比丘、
十大弟子及西天諸大傳承聖者舍利來山供奉因緣
今仲秋之際 海會雲集 恭逢 心道上師五十又八壽誕
此一大事因緣故 令佛子感應道交 悲心周遍 緣起成佛
共同成就華嚴海會的「聖山計畫」

什麼是「聖山」呢？
師父說：「聖山就是華嚴淨土、正覺世間！靈鷲山，就是世界和平的聖山！你一想到靈鷲山就是緣起世界和平的聖山。我們靈鷲山從聖山開始做起，每一個地方都是讓人家發起菩提心，每一個地方都讓人家建設無量功德，就是建設出華嚴世界，正覺成就。我們要用悲心來緣起一切法報化的成就，用普賢十大願來創造我們華嚴的成果。」

【維那領眾隨願一拜】

第一、願求諸上師 賜與大加持 我今竭誠恭敬禮
淨戒防護身口意 華嚴海會禮諸佛
第二、願求諸上師 賜與大加持 尊賜恩德永難酬
三界無有如佛者 華嚴海會讚如來
第三、願求諸上師 賜與大加持 我今三業均供養
妙欲莊嚴曼陀羅 華嚴海會修供養

第四、願求諸上師　賜與大加持　尊能引我出苦輪
一切時中轉吉祥　華嚴海會懺罪障
第五、願求諸上師　賜與大加持　靈山法眷雲來集
同證法身出有海　華嚴海會隨喜讚
第六、願求諸上師　賜與大加持　一音演說隨類解
消我無量微塵惑　華嚴海會轉法輪
第七、願求諸上師　賜與大加持　於我頂上蓮月座
寂靜禪修阿蘭若　華嚴海會佛住世
第八、願求諸上師　賜與大加持　頂禮尊前蓮花足
入一切處大無畏　華嚴海會隨佛學
第九、願求諸上師　賜與大加持　攝受我心無倦怠
等觀眾生皆父母　華嚴海會恆順眾
第十、願求諸上師　賜與大加持　三世唯一總皈處
和平聖山地球家　華嚴海會普迴向

靈鷲山2006年祈請上師長久住世吉祥法會暨恭逢上師五九壽誕四眾弟子敬壽文

今中華民國九五年十月二九日，佛曆二五五〇年仲秋重陽前夕，靈鷲山四眾弟子法筵雲聚華藏海，虔誠恭祝上師　心道大和尚五九壽誕。靈山秋爽，海天空際，憶持上師示現閉關，迄今已歷經二六〇天，追往繼來，神聖瑞相感應不斷，龍天護法菩薩祥集，四眾當更堅固修行根本，本立而道生，誓願回歸擁護總本山，戮力精進辦道，護持聖因，以相應上師「悲心周遍、緣起成佛」的傳承使命，成就華嚴聖山的永續基業。

如上聖因　耑為迴向

一、願開山和尚　心道大和尚
　　法體康泰　常住世間　年度閉關　圓滿吉祥
二、願靈鷲山華嚴聖山志業
　　善緣具足　十方護持　圓滿成就　廣利群生
三、願本寺全體常住僧伽眾
　　道心堅固　正念精進　團結和合　修行成就
四、願十方有緣善信護法眾
　　上師相應　正信護念　發菩提心　永不退轉

新春祝禱文

——歲末迎春祈和平

歲歲晦累的除掃謝白，
年年新願的張設陳佈。

靈鷲山在春來冬去的交替時節，
總要為每位佛子點亮福慧的光明燈，
敲響喜樂的願行鐘。

二十五個年頭，
是無量賢劫的法緣甚深，
或念念當下的妙心清淨，
佛子們步步隅隅，
追隨佛陀、聖者、上師。

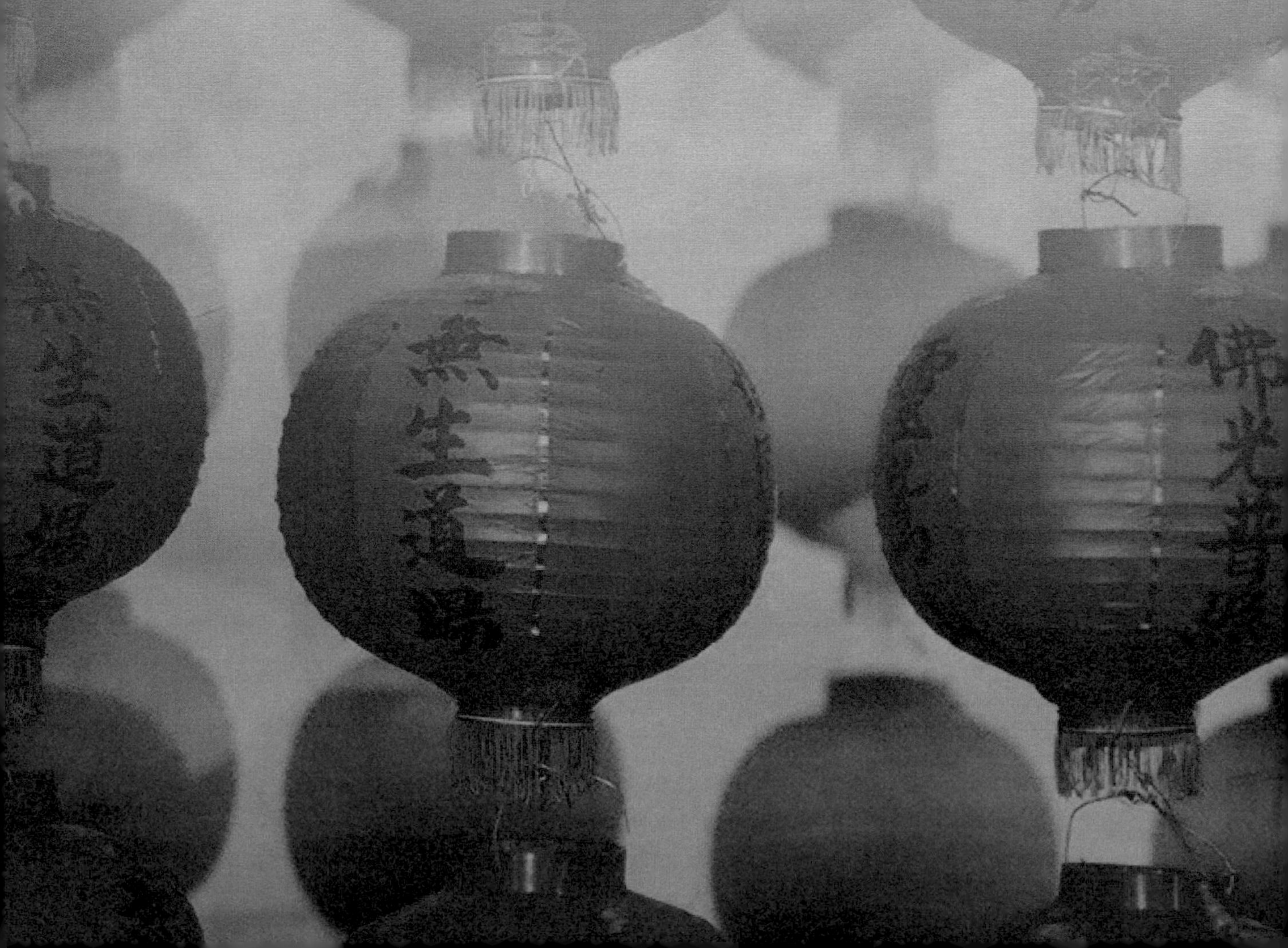

一路行來，不計寒暑炎涼，
但祈自心覺轉、正法久世。

除夕發願文及新春祈願文，
為弟子每年回山拜願必修之儀文，
隨文領意，以為修行之惕勵與警醒。

2000年靈鷲山除夕發願文

【維那白文】

時序己卯除夕　感念上師悲願　歲次庚辰新春
敬祈華嚴聖境　值師示警策眾　當自勤念師恩
今於上師三寶座下　大眾當誠心發願
時時省覺　於所觸犯　深心懺謝　於菩薩道　精進勇猛

【眾念】

一、暇滿人身已得空虛度　此生無義所做常散漫
　　具恩至尊上師垂顧我　加持成就具義之人生
二、辭親出家三障竟不懺　生活資具貪得而無厭
　　不修道業徒增輪迴因　上師加持照見己過失
三、於師志業敷衍懶承擔　於常住事不勤藏私欲
　　因果不爽苦惱應懺悔　師心我心從此同一心
四、己惡如山但於心中藏　他惡如芥毀謗常宣揚
　　上師慈悲鑑知教誨我　加持平息惡心及驕慢
五、外表儼然清淨行者相　於自內心瞋嫉如毒蠍
　　遇緣即露熾然羅剎貌　上師鑑知調伏五毒心
六、於六和敬絲毫不趨進　團體倫理散漫不如禮
　　日復一日自心愈頑強　上師加持催伏五魔境
七、依止上師虔誠次第減　兄弟仁愛體恤逐漸薄
　　若己所願不遂即退心　上師悲憫庇護菩提苗

八、既已皈依發心與加行　行持僵化依文解字修
　　甚深慈悲未自心底生　上師三乘教育善調御
九、如法行時昏沉而無力　非法行時聰明而機靈
　　趨於惡趣仍頑劣無懼　普照不歇師教如日月
十、上師即佛卻執為凡夫　開示深教恩德旋遺忘
　　道心一再滋生一再折　諄諄師心不倦如慈母

上師三根本之尊　三世諸佛之自性
教修正法之根源　伽藍聖僧之主體
濁世飄零師為依　二資糧道師授記
一切成就師加持　上師指導當聽受
大眾當互審三業　違越上師罪令除
願師常住世間行　化育不絕轉法輪
觀音悲願堪能祈加持　宗博開館成功祈加持
教團組織發展祈加持　聖山計劃順利祈加持
無生法門成佛祈加持　般若見地證悟祈加持
法華種智道成祈加持　華嚴大業圓滿祈加持

靈鷲山2001年除夕發願文

【維那白文】

千禧大運，歲末迎春，年逢辛巳，迎接宗博開館，布設華嚴壇城，共祈世界和平！

然時局變動，科技凌越，人心紛擾，邪見入道，佛魔難辨，染淨不分，稍一不慎，成大病根！
當機之宜，唯有導歸正法，貫徹教育，令眾生探索生命、瞭解生命、見證生命、進而服務生命、奉獻生命！
眾佛子長跪，自觀心行，隨我懺悔發願：

【眾等一句一拜】

一懺、忘失菩提心 不修諸善根，以諸煩惱 害善道法，
惟願捨離魔業，禮敬諸佛

二懺、增長我慢 自舉凌他，見人說法 不生尊重，
惟願捨離魔業，稱讚如來

三懺、希求名利 耽著五欲，不求正法 真實智慧，
惟願捨離魔業，廣修供養

四懺、見在家出家 歡愉雜處，便生歡喜 心樂趣近，
惟願捨離魔業，懺悔業障

五懺、惡心布施 瞋心持戒，三業常行 惱害眾生，
惟願捨離魔業，隨喜功德

六懺、慳吝深法 闡揚二乘，或示妙義 擅與非人，
惟願捨離魔業，請轉法輪

七懺、遠善知識 近惡知識，誹謗正法 不樂聽聞，
　　　惟願捨離魔業，請佛住世
八懺、執著所修善根，耽著所得禪定 不求昇進，
　　　惟願捨離魔業，常隨佛學
九懺、樂學世論 巧設機心，遠離菩提 住於邪道，
　　　惟願捨離魔業，恆順眾生
十懺、常樂親近供養 已解脫安穩者，不肯親近教化
　　　未得解脫安穩者，惟願捨離魔業，普皆迴向。

【維那白文】

經云：「一切障礙即究竟覺、得念失念無非解脫、成法破法皆名涅槃、智慧愚癡通為般若、菩薩外道所成就法同是菩提、無明真如無異境界、諸戒定慧及淫怒癡俱是梵行、眾生國土同一法性、地獄天宮皆為淨土、有情無情齊成佛道、一切煩惱畢竟解脫、法界海會照了諸相，猶如虛空。」

菩薩摩訶薩應當知：一念心疑處是魔，若究萬法無生，則處處清淨是莊嚴佛土。今日道場，同業大眾，幽顯靈冥，此心此願，等佛不二，仗佛加持，行願早圓，速登十地！

靈鷲山2003年除夕發願文

【維那白文】

四海大地內，送舊迎新春，山高海深去來人，古往今來原無住；開山二十年，癸未新氣象，有為一切皆剩法，直到心空始萬千。今日道場，同業大眾，澡身沐浴，焚香祈禱，長跪合掌，心念口誦，隨我懺願：

【眾等隨願一拜】

慈悲的佛陀，祈求您加持！
當地球資源過度揮霍浪費，請引導我們從自私走向佈施；
慈悲的佛陀，祈求您加持！
當國際社會之間戰火凌虐，請引導我們從戰爭走向和平；
慈悲的佛陀，祈求您加持！
當族群仇恨暴力蔓延不息，請引導我們從瞋恨走向慈悲；
慈悲的佛陀，祈求您加持！
當宗教信仰常常排斥歧視，請引導我們從謬誤走向真理；
慈悲的佛陀，祈求您加持！
當生態環境慘遭破壞污染，請引導我們從毀滅走向重生；
慈悲的佛陀，祈求您加持！
當貪欲氾濫無度理性昏昧，請引導我們從縱欲走向尊重；

慈悲的佛陀，祈求您加持！
當人我衝突口舌是非不斷，請引導我們從對立走向包容；
慈悲的佛陀，祈求您加持！
當靈性墮落道心遭受考驗，請引導我們從物化走向覺悟；
慈悲的佛陀，祈求您加持！
當面對使命任務怯懦不前，請引導我們從脆弱走向勇敢；
慈悲的佛陀，祈求您加持！
當生命世界充滿險惡災難，請引導我們從絕望走向希望。

【維那白文】

在新世紀的轉捩點，讓我們至誠感恩上師的加持，荷擔佛法傳承的使命，開拓佛教新局面，復興靈性教育運動，推動全球倫理的實踐，共創愛與和平的地球家。

靈鷲山2005年除夕發願文

【維那白文】

伏惟——娑婆世界南瞻部洲，台灣靈鷲山無生道場，開山住持上心下道大和尚，傳承聖教，宗門大開，為調伏剛強眾生，忍苦受屈，行深般若波羅蜜多。

今以佛曆二五四八年，歲次乙酉，四眾和合歡慶，除夕迎春，當一心繫念四重恩，上承十方諸佛

本妙覺心，下合六道眾生同一悲仰，發聖觀音十大願心，共創愛與和平地球家，成就華嚴吉祥世界。

【四眾隨願一拜】

一、佛子願生大慈悲，哀愍六道眾生苦，利樂有情無邊際，
身口意業歸法性，諸佛加持大吉祥。

二、佛子願發平等心，不昧能所二執障，於此速證無生法，
悲心隨類自顯化，二六時中常吉祥。

三、佛子願發無為心，安住寂靜無散亂，無作鬆坦離攀緣，
攝心觀照生活禪，一切善聚賜吉祥。

四、佛子願心無染著，嚴持淨戒三昧耶，汝之覺性本成佛，福祿豐饒財寶聚，諸佛加持大吉祥。

五、佛子願發空觀心，九乘次第一心攝，一切法門最勝處，然皆總攝於心地，二六時中常吉祥。

六、佛子願發恭敬心，恆常憶持根本師，未見更有聖教法，深邃無過利生行，一切善聚賜吉祥。

七、佛子願發卑下心，災厄橫逆自消除，身心密契常寂光，自性朗朗究竟道，諸佛加持大吉祥。

八、佛子願無雜亂心，內顯魔障亦非他，無明猶疑習氣也，任運無作無散亂，二六時中常吉祥。

九、佛子願無見取心，於此當生決定信，淨念相繼平常心，明覺本來畢竟空，一切善聚賜吉祥。

十、總持無上菩提心，至尊上師哀攝受，廣大恩典所施惠，成辦事業無所礙，華嚴壇城同解脫。

靈鷲山慶祝開山廿五週年
—2008年除夕發願文

【維那白文】

伏維歲末新春，全球時事更迭不已，歲次戊子，恭逢靈鷲山無生道場開山吉慶，歷二十五週年， 並開山上師 上心下道大和尚甲子壽辰，恭祈法壽無疆，法體安泰，法輪常轉，法脈恆傳，祖德云：法身幽寂壽無長短。至人絕慮有感必通。大權方便任機應說。一心映徹帝網重重。是以，金玉諸佛鎮山，開宣演暢常住之旨。三乘上師祥集，具德如意寶王之尊。

菩薩感夢弘懺悔無生法。除障金剛斷破二執迷境。因兼三賢總該六度萬行。果證靈覺壽等虛空法界。所以，登華嚴聖山證十地菩薩，參善知識俱顯事理圓修。以是統領大眾，願等善財，發是聖山行願。

【眾等隨願一拜】

四大災起器間壞，有情染執苦逼迫，
信度大河入海處，善財童子求善士；
幻身病難志摧危，一心契印得密護，
諸佛三身所化現，善財童子安忍行；

綺語非是習顛倒，以無虛偽誠誓願，
諸佛實語所化現，善財童子妙言辭；
三障五毒大苦輪，意勿猶疑虔敬禮，
諸佛密意所化現，善財童子奮迅足；
刀兵飢渴三劫災，利樂有情顯聖山，
諸佛功德所化現，善財童子樂寂靜；
若暴風雪阻歸途，大悲周遍祈加持，
諸佛事業所化現，善財童子燃慧炬；
壇城空行財天眾，加持化現法眷屬，
利生事業遍十方，善財童子遊戲嚴；
若迷世局險惡道，入蓮華藏世界海，
無量光明大悲攝，善財童子饒益行；
大種違逆地精失，三身寶塔鎮群魔，
任運化身遍世間，善財童子法眼藏；
修行導引決定道，大悲利生無休息，
十萬旭日爍金佛，普賢善財入智海。

2001年靈鷲山教團新春團拜祈願文

【維那白文】

靈鷲山辛巳年新春團拜，檀越護法眾志一心，為迎接宗博開館，布設華嚴壇城，共祈世界和平！

然而，千禧大運，時局變動，科技凌越，人心紛擾，當機之宜，唯有導歸正法，以華嚴行願淨化身心、廣大願力，並啟發大眾探索生命、瞭解生命、見證生命、進而服務生命、奉獻生命，推廣教團生命教育使命，貢獻社會世界！

大眾長跪，自觀心行，隨我行願，遍一切時：

【大眾同心一願一拜】

第一、禮敬諸佛：

願我常得供養十方諸佛菩薩，盡未來際無有休息。

第二、稱讚如來：

願我受持明解如來甚深法味，盡未來際無有休息。

第三、廣修供養：

願我不吝財法無畏廣行布施，盡未來際無有休息。

第四、懺悔業障：

願我六根觸境清淨生妙功德，盡未來際無有休息。

第五、隨喜功德：

願我教化四生九有悉令無餘，盡未來際無有休息。

第六、請轉法輪：

願我常得近善知識遠惡知識，盡未來際無有休息。

第七、請佛住世：

願我常得莊嚴諸佛法筵壇城，盡未來際無有休息。

第八、常隨佛學：

願我與諸菩薩同行善道不倦，盡未來際無有休息。

第九、恆順眾生：

願我三業悉令眾生見聞獲益，盡未來際無有休息。

第十、普皆迴向：

願我追隨諸佛菩薩行深般若，盡未來際無有休息。

2008年靈鷲山教團新春團拜發願文

時逢靈鷲山佛教教團開山廿五周年，
我等同仁追隨　心道師父──

願如母有情　聞法得度！
並向上師、常住三寶敬獻　菩提心發糕
祈願教團　以法相聚　啟運清淨道　廣開甘露門
（禮佛一拜）

願悲心周遍　智慧如海！
並向上師、常住三寶敬獻　波羅蜜鳳梨
祈願教團　菩薩旺來　長養諸善法　莊嚴如來地
（禮佛一拜）

願緣起成佛　六時吉祥！
並向上師、常住三寶敬獻　金吉利柑橘
祈願教團　大吉大利　法財自然滿　道糧年年豐
（禮佛一拜）

願愛與和平　宣流世界！
並向上師、常住三寶敬獻　多聞天蘋果
祈願教團　團結真心　佛果顯聖山　共創地球家
（禮佛一拜）

願尊重包容　平等一味！
並向上師、常住三寶敬獻　不動地寶傘
祈願教團　諸佛護佑　臥佛富貴佛　玉佛三金佛
（禮佛一拜）

願信解行證　常隨佛學！
並向上師、常住三寶敬獻　光明智慧燈
祈願教團　自性清淨　四眾精進行　共乘決定道
（禮佛一拜）

願聖山行願　廣利眾生！
並向上師、常住三寶敬獻　如意摩尼寶
祈願教團　所作皆辦　同登華藏門　饒益世界海
（禮佛一拜）

願法輪常轉　法脈恆傳！
並向上師、常住三寶敬獻　滿願大法螺
祈願教團　梵音演暢　輪迴眾生盡　直至證菩提
（禮佛一拜）

2008年上師僧寶無邊功德海感恩文

（一）禮敬

首先　禮敬三世聖者之母 般若智！

復次　至誠頂禮大慈如父 寶上師！

三者　恭敬頂戴大心大願 聖賢僧！

由於過去現在未來您的菩提行，

圓成今日靈山華藏海　座中有諸佛，此時此刻：

四大祥和，自性光明；佛慈如空，慧光清淨，

我等幸運凡夫職工，謹以身語意三門，

虔心禮敬智者、僧眾法師　無邊功德海。

（二）稱讚

因為勇猛心、大出離、大威德，

您為道場僧伽，依山常住，看似是出家，其實是回家，

承擔如來家業，身心盡奉塵剎，

以師為燈，以法為洲，順逆無別，寓假修真。

緣於宿世清淨的祈願力，

在世法工作間，您為我等善知識，

使離散亂　善因增長，

使遠惡境　惑心漸減，

使入定慧　初守戒儀，

願能生生世世讚頌僧伽功德，

恆常親近善知識以調伏自心。

（三）懺悔

然而我等業習深重，

稍有不順，貪瞋癡慢就成為投擲的兵器，

遇到挫折，趨樂避苦　即生退心，

不能解了因緣和合，隨生隨解，
反而一路編織輪迴的戲碼，以此纏繞，以此串習，
更以凡夫心計量大乘行者功過，以管窺天，顛倒謬見，於此濁見，我今一切懺悔，
並以初發菩提心、增長菩提心、堅固菩提心，
常隨僧眾法師　安樂修學，勤行善業。

（四）祈願

感念上師、僧眾法師恩德！
我等劣慧下根，口拙魯鈍，難以言詮心中感動，
然而　最勝善根，由祈願而生，
妙心能轉，是真俗二諦眾福，
謹此清淨心做祈願——
祈以如來本願，法師珍重愛護身形，法器堪能大用，
令我等見即生信！
祈以慈悲護我，法師演化空悲雙智，各在菩提樹下，
大歡喜共修三世！
祈願珍貴寶上師，法體康泰，法輪常轉！
祈願一切有情，受用自在福樂，所做皆辦，
生生世世咸利眾生！
一切清淨祈願，普皆迴向，予虛空法界封存。
恆常、無盡、堅固的

普皆供養　懺悔罪業　隨喜功德　請佛住世
請轉法輪　常隨佛學　恆順眾生　普皆迴向

國家圖書館出版品預行編目資料
靈鷲山誌. 藝文采風卷 / 靈鷲山佛教教團文
獻中心等編輯.——初版.——
臺北縣永和市：靈鷲山般若出版，2008.08
面；　公分
ISBN 978-986-84129-8-9（精裝）
1.靈鷲山佛教教團 2.佛教團體 3.文物
220.6　　97011186

靈·鷲·山·誌
藝文采風卷

總監修　釋心道
總策劃　釋了意
編審　靈鷲山文獻中心

顧問　周本驥、顏素慧
主編　釋妙解
潤稿　劉洪順
執行編輯　陳俊宏、蔡明娟
封面設計　王鳳梅
美術設計　蔡明娟
圖片提供　財團法人世界宗教博物館、靈鷲山攝影組義工

發行者　財團法人靈鷲山般若文教基金會
發行人　歐陽慕親
出版者　財團法人靈鷲山般若文教基金會附設出版社
網址　www.093.org.tw
法律顧問　永然聯合法律事務所

地址　23444台北縣永和市保生路2號17樓
電話　(02) 2232-1008
傳真　(02) 2232-1010

總經銷　成信文化事業股份有限公司
地址　23148台北縣新店市中正路四維巷二弄2號4樓
電話　(02) 2219-2080
傳真　(02) 2219-2180

劃撥帳戶　財團法人靈鷲山般若文教基金會附設出版社
劃撥帳號　18887793
初版一刷　2008年8月
定價　700元
ISBN　978-986-84129-8-9（精裝）

＊本書若有缺損，請寄回更換＊　　＊版權所有　翻印必究＊